あの神様の由来と特徴がよくわかる

日本の神様の「家系図」

JN110439

戸部民夫

青春新書
INTELLIGENCE

はじめに

最近は、御朱印《ごしゅいん》集めやパワースポットめぐりが人気で、それだけ多くの人が神様と接する機会も増えてきている。

しかし、日本には「八百万《やおよろず》の神」といわれるくらいたくさんの神様がいる。しかも、神社ではほとんどの場合、主祭神《しゅさいじん》（もっとも中心になる神。単独だったりグループだったりする）だけでなく相殿神《あいどのしん》（主祭神以外の祭神）も祀り、さらに本社以外に、摂社《せっしゃ》（本社に縁故の深い神を祀った神社）、末社《まっしゃ》（本社に付属する小さい神社。摂社に次ぐ位置にある）などもあって、そこでもまた複数の神様が祀られている。

そのため、神社めぐりをしたときに、境内の案内板をよく読んでも、むずかしい神様の名前と数の多さに戸惑って、この神様にはどんなご利益《りやく》（神徳《しんとく》）があるのか、この神様はどんな性格や役割を持っているのか、という一番知りたいことが、結局、もやもやしたままでわからずじまいという人が多いのではないだろうか。

そこで本書では、複雑に入り組んでいるように見える日本の神様の世界を、「家系図」

という視点から整理してみることにした。日本の神様に関しての著作が多い筆者にとっても、これは初めての試みである。

日本の神様の家系図は、記紀神話の中で中心となる神々を柱にして、根源神の系図、イザナギ・イザナミ命《のみこと》の系図、アマテラス大神《おおみかみ》の系図、スサノオ尊《のみこと》の系図、オオクニヌシ命の系図と、大きく四つに分けることができる。本書の構成も、概《おおむ》ねこの流れに沿うことにした。知りたい神様のご先祖や親子関係、血縁、親戚がわかれば、その神様の特徴もすっきりわかるし、日本の神様の全体像も見渡せるようになるはずだ。

本書における神々の系譜は、基本的に『古事記』をベースとしたが、不明な情報に関しては、主に『日本書紀』を中心として、『古語拾遺《こごしゅうい》』『新撰姓氏録《しんせんしょうじろく》』『先代旧事本紀《せんだいくじほんぎ》』なども参考にした。なかには、諸説ある中の推定、あるいは著者の主観で「こういうつながりもあり得るかもしれない」ということで採用したケースもあることをあらかじめお断りしておく。こうして、日本の神様の個性に新たな彩りを添えることも本書の狙いの一つである。

神名表記は、原則として『古事記』に拠った。ただし、複数の別名を持つ神様の場合、本書では一般により知られている名前、親しまれている名前を優先的に採用した。つまり、

神社の祭神名として多く使われていて、多くの人にイメージ的に定着しているものということである。

また、「神《かみ》」「命《みこと》」「尊《みこと》」などの神様の敬称（神号《しんごう》、尊称）については、『日本書紀』では、その使い方に一応の区別は示されているが、『古事記』では全く使い分けられていない。つまり、基本的にはどの敬称が偉いというものではないと考えてよい。ということで、本書では神様の名前の表記法と同様の判断で、たとえば、「アマテラス大神（天照大神）」「スサノオ尊（素戔嗚尊）」「ヤマトタケル尊（日本武尊）」などのように、一般になじみのある表記を採用している。

家系図の楽しみ方の一つはルーツ探しである。本書で、神様の家柄、血統、親戚関係の系譜をたどっていくことで、必ずや新しい発見と出会いがあるはずだ。本書が読者のみなさんの、日本の神様への親しみを深める一助となることを願っている。

令和二年十一月

戸部民夫《とべたみお》

日本の神様の「家系図」目次

第二章　根源神の子と末裔《まつえい》たち

根源神の血を引く神々

第三章 イザナギ・イザナミの二人で生んだ子どもたち

自然そのものをつかさどる神々の誕生

第四章　イザナミが生んだ子、イザナギが生んだ子

イザナミの死とイザナギの禊《みそぎ》が多くの神々を生む

第五章　アマテラスの子と孫たち

アマテラスにはじまる皇祖の系譜

第六章 アマテラスの末裔と親族たち

地上で繰り広げられる新たな神々のドラマ

第七章 スサノオとオオクニヌシ、それぞれの子と親族たち

スサノオの「三つの顔」を受け継ぐ神々

編集協力／コーエン企画
章扉写真／Alex Staroseltsev/Shutterstock.com
ＤＴＰ／エヌケイクルー

第一章

天地開闢《かいびゃく》の根源神たち

神々と国土の歴史のはじまり

※太字が本章で紹介している神様

別天神五神《ことあまつかみ》

造化三神《ぞうかのさんしん》

天之御中主神《あめのみなかぬしのかみ》―高御産巣日神《たかみむすびのかみ》―神産巣日神《かみむすびのかみ》―宇摩志阿斯訶備比古遅神《うましあしかびひこぢのかみ》―**天之常立神《あめのとこたちのかみ》**

少彦名命《すくなひこなのみこと》（大国主命《おおくにぬしのみこと》とコンビで「国作り」）

思兼神《おもいかねのかみ》（「天岩戸《あめのいわと》」神話で活躍）

栲幡千千姫命《たくはたちぢひめのみこと》

※結婚

邇邇芸命《ににぎのみこと》（「天孫降臨《てんそんこうりん》」の主役）

天忍穂耳命《あめのおしほみみのみこと》（天照大神《あまてらすおおみかみ》の長男）

〜第一章 天地開闢《かいびゃく》の根源神たち〜

神世七代《かみよななよ》

国之常立神《くにのとこたちのかみ》

豊雲野神《とよくもののかみ》

※宇比地邇神《うひぢにのかみ》 — 須比智邇神《すひぢにのかみ》

角杙神《つのぐいのかみ》 — 活杙神《いくぐいのかみ》

意富斗能地神《おおとのぢのかみ》 — 大斗乃弁神《おおとのべのかみ》

淤母陀琉神《おもだるのかみ》 — 阿夜訶志古泥神《あやかしこねのかみ》

伊邪那岐命《いざなぎのみこと》 ＝ 伊邪那美命《いざなみのみこと》

以上、神世七代

二神による「国生み」「神生み」の神々

※ウヒヂニ神・スヒヂニ神からイザナギ命・イザナミ命までは男女一対の神様で、二柱を一代と数える。

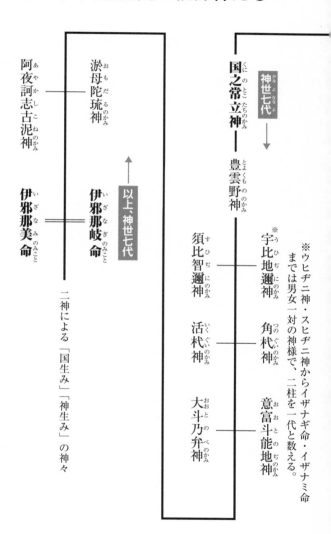

神々と国土の歴史のはじまり

日本神話における天地開闢《かいびゃく》（創造）のドラマは、まず天と地が分かれ、天の方に神々の住まいである高天原《たかまがはら》ができる場面からはじまる。ここに登場するのが、この章で紹介する「別天神《ことあまつかみ》」「神世七代《かみよななよ》（天神七代《てんじんしちだい》）」と呼ばれる神々である。

『古事記』の序文には、「乾《けん》と坤《こん》と初めて分かれて、参神造化《さんしんぞうか》の首《はじめ》と作《な》り」と書かれている。ここでいう「乾」とは天、「坤」とは地のことだ。

そもそも「乾」と「坤」とは、〝森羅万象《しんらばんしょう》は陰と陽の二つの相対する性質を持つ「気」によって生じる〟という、中国古来の「陰陽思想」を反映したものである。

虚無の闇「混沌《こんとん》」の宇宙で、初めて陽の気と陰の気がまじりあった宇宙エネルギーのようなものが次第に凝集し始める。そのなかには万物の種《たね》（物実《ものざね》＝物事の元）となるものが含まれていて、自然の動植物が生息できるような国土が形成されていく。神話のなかでも格別に想像力にあふれた部分である。

高天原ができると、まず一番目にアメノミナカヌシ神《のかみ》、つづいてタカミムスビ神、カミムスビ神が出現する（以上が造化三神《ぞうかのさんじん》）。そして、まだ固まりきらない国土に若い生命力の神

であるウマシアシコビヒコヂ神、天界（高天原）を永遠に存続させるアメノトコタチ神が登場する（以上が別天神五神）。

さらに、国土をしっかり固める役目のクニノトコタチ神が現れて、生命エネルギーに満ちた国土ができ、つづいて豊かな実りを象徴するトヨクモノ神が出現した。こうして天地で構成される世界が完成し、豊穣《ほうじょう》の源、生み殖《ふ》やす生命力を秘めた国土が出来上がったところで、間に四代の神々を経て、最後にイザナギ命《のみこと》とイザナミ命が登場する（以上が神世七代）。この二神の活動（「国生み」「神生み」）によって多くの神々の系譜が幕を開けるのだ。

宇宙のエネルギーやものを生み成す生命力は、目に見えるもの、見えないものを問わず、世界の森羅万象、生きとし生けるものすべての源だ。そうした根源的なエネルギーや生命力を象徴するのが、この章で紹介する天地開闢のドラマで活躍する「別天神」「神世七代」の神々なのである。なお、16～17ページの系図では、これらの神々の名は縦につながっているが、これは出現した順番を示したもので、第二章以降の神々とは違って、お互いが親子関係、血縁関係にあるわけではない。

⇩日本で最初に生まれた神様

天之御中主神《あめのみなかぬしのかみ》

【別称】妙見様《みょうけんさま》（尊星王《そんじょうおう》）、北辰菩薩《ほくしんぼさつ》
【神格】宇宙の根源神

すべての神様の始祖

『古事記』によれば、アメノミナカヌシ神《のかみ》は、天地が分かれてから最初に高天原に出現した神であり、八百万《やおよろず》といわれる日本の多くの神々のなかでも第一番目の、すなわち日本の神界ピラミッドの頂点に位置する神様である。

神話の系譜では、世界の根源に関わる「根源神」（始原神ともいう）であり、つづいて現れるタカミムスビ神、カミムスビ神とともに「造化三神」と呼ばれ、また高天原に現れた神のなかでも別格であることを表す「別天神《ことあまつかみ》」の五神のうちの一柱とされる。

名前の「アメ（天）」は宇宙、「ミナカ（御中）」は真ん中、「ヌシ（主）」は支配するという意味で、時間的にも空間的にも無限な宇宙そのものを体現しており、そこから「天の

中心に座《いま》す至高神」とされている。

　根源神とは、世界の生成発展の基盤となるすべてを生み出す根本的な神を意味するが、なかでも虚無の宇宙にいきなり現れたこのアメノミナカヌシ神は、いわば無と有の境界に位置する存在ともいえる。

　そもそも日本神話の最初の国土創成神話に登場する神々は、イザナギ命《のみこと》・イザナミ命（37ページ）二神を除いて、ほとんどが観念的な神である。とくにアメノミナカヌシ神は、『古事記』によって日本の神々の世界が体系化されるときに、宇宙のはじまりを象徴するビッグバン的な神格として創り出された神様だ。

　記紀（『古事記』『日本書紀』の略）には、その事績が詳しく書かれていないが、一般に中国の道教思想の影響を受けて生まれた神とされている。いわば「創作された神格」なだけに、後世になっていろんな解釈がなされているが、やはり八百万の神々のなかでも一番偉い神様という位置づけが一般的だ。

　たとえば、度会神道《わたらいしんとう》（伊勢神道・外宮《げくう》神道。鎌倉時代に伊勢神宮外宮の神官・度会《わたらい》氏《し》が創祀した神道説）、吉田神道（室町時代に吉田兼倶《かねとも》が大成した神道説）、復古神道（江戸時代の国学者によって提唱された神道説）など、神社信仰や神道の神様を体系的にとらえよ

うとする各神道流派においても、アメノミナカヌシ神は神聖な創造力と全知全能の力を備えた至上神と考えられている。

「妙見様」として庶民に人気

アメノミナカヌシ神は、生活臭がゼロの観念的な神様なので、そもそも庶民との結びつきは弱く、広く一般庶民の信仰の対象となるのは鎌倉から室町時代以降のことである。

中国の道教には、天の中心にある北極星（北辰《ほくしん》）を宇宙のすべてを支配する最高神として信仰する北極星信仰（天一神《てんいちじん》信仰、北斗七星信仰とも）があった。これがインド発祥の仏教思想と結びついて妙見菩薩《ぼさつ》と呼ばれるようになり、さらに、日本に伝来してからアメノミナカヌシ神の「天の中心の至高神」という性格と結びついて、妙見菩薩（妙見様）＝アメノミナカヌシ神となった。

妙見様＝アメノミナカヌシ神は、全知全能の徳によって衆生の苦しみを救ってくれるありがたい神様である。また、物事の真相を見極める能力にすぐれ、運命をつかさどる神、叡智《えいち》をつかさどる神でもある。とくに江戸時代には妙見信仰として民間に広まり、「妙見」の「万物を見通す眼力」の意から、眼病の神としても篤《あつ》く信仰された。

『古事記』には、アメノミナカヌシ神を始めとする別天神の五神は、みな「独神《ひとりがみ》と成り坐《ま》して、身を隠したまひき」とあり、現れてから姿を消すのも早かった。単独で祀《まつ》られることは少なく、他の神様と一緒に祀られる場合が多い。

◎**ご利益**　安産、長寿、招福、商売繁盛、出世開運、学業上達、技術向上、海上安全、厄除け、病気平癒など

◎**主な神社**　秩父《ちちぶ》神社（埼玉県秩父市番場町）／日高神社（岩手県奥州市水沢）／相馬太田神社（福島県南相馬市原町区）／千葉神社（千葉県千葉市中央区）／東京水天宮（東京都中央区日本橋蛎殻《かきがら》町）／四柱《よはしら》神社（長野県松本市大手）／小松神社〈星田妙見宮〉（大阪府交野《かたの》市星田）／岡太《おかた》神社（兵庫県西宮市小松南町）／出雲《いずも》大社（島根県出雲市大社町）／御祖《みおや》神社（福岡県北九州市小倉北区）／久留米水天宮《くるめすいてんぐう》（福岡県久留米市瀬下《せのした》町）など

高御産巣日神《たかみむすびのかみ》

⇩皇室につながるニニギの高祖父

【別称】高皇産霊尊《たかみむすびのみこと》、高木神《たかぎのかみ》、高御魂命《たかみむすびのみこと》、高魂命《たかみむすびのみこと》、高天彦神《たかまひこのかみ》

【神格】生成力の本源神、高天原の最高司令神、農業神

高天原の最高司令官

タカミムスビ神は、アメノミナカヌシ神に次いで二番目に現れた神である。名前の「ムスビ（産巣日・産霊）」は生産や生成を意味し、この世界に最初にものをつくり出す（産み成す）根源的な霊力を表している。三番目のカミムスビ神までを含めて「造化三神」と呼ばれ、「別天神」の五神の一柱でもある。男性神的な性格を持っていて、女性神的な性格のカミムスビ神と一対で、男女の「むすび＝結び（縁結び）」を象徴する神とも考えられている。

タカミムスビ神の系譜で注目したいのは、現在の皇室の祖先とされるニニギ命《のみこと》（１７６ページ）につながっている点だ。系図上はニニギ命の外祖父にあたる。タカミムスビ神の

娘のタクハタチヂヒメ命（54ページ）とアマテラス大神（149ページ）の長男アメノオシホミミ命が結婚し、その二人の子が天孫ニニギである。

タカミムスビ神は、記紀神話の「天孫降臨」「国譲り」「神武東征」などの重要な場面に登場して存在感を示している。その活動ぶりから、長老的な政治手腕に長《た》けた神様とも評される。

たとえば『日本書紀』の天孫降臨神話では、タカミムスビ神が最高司令神として登場し、ニニギ命が地上に降《くだ》ってから安全に活動できるように、あらかじめ葦原中国《あしはらのなかつくに》（高天原と地下の黄泉《よみ》の国の間にある地上の国土の美称）の平定作戦を遂行した。

国譲り神話では、高天原の神々を派遣して地上の支配者であるオオクニヌシ命（238ページ）に圧力をかけ、国土の統治権の譲渡を成功させている。

また、神武東征の際には、熊野に進攻した神武天皇が敵の反抗に苦しんでいるときに、霊剣・布都御魂剣《ふつのみたまのつるぎ》を天上から下して危機を救い、道案内の八咫烏《やたがらす》を派遣するなどして、神武天皇の大和進出と最初の政権の樹立（初代天皇の座に就く）を助けた。

皇室の「宮中八神」の筆頭格

タカミムスビ神の「高木神」という別名は、この神が活発に働く際に使われる呼び名だ。「高木」とは、天から神が降臨する際の依代《よりしろ》（神霊が依《よ》り憑《つ》くもの）となる聖なる高い木（霊樹）を意味し、もとは稲などの植物を成長させる力を持つ土着神（自然神）として崇められた。タカミムスビ神の基本的な性格である「産霊《むすび》」も、本来は農耕生産に深く関係している。

このような理由から、タカミムスビ神は、古くから皇室の守護神である宮中八神《きゅうちゅうはっしん》（タカミムスビ神、カミムスビ神、タマツメムスビ神、イクムスビ神、タルムスビ神、オオミヤノメ神、ミケツ神、コトシロヌシ神）の筆頭格として、豊穣を祈願する大嘗祭《だいじょうさい》や祈《き》年祭《ねんさい》などの重要な祭祀において重視された。

一番目のアメノミナカヌシ神が観念的なイメージであるのに対して、二番目に出現したタカミムスビ神は日本人の古くからの自然神への信仰がベースにある。だからこそ神話にもしばしば登場して活躍しているのだろう。

神社では、三番目に出現するカミムスビ神と一緒に祀られることが多い。また、神世七代の神々とともに、あるいは宮中八神として祀られる場合もある。

◎ご利益　諸願成就、開運招福、無病息災、厄除け、縁結びなど
◎主な神社　安達太良《あだたら》神社（福島県本宮市本宮）／東京大神宮（東京都千代田区富士見）／四柱《よはしら》神社（長野県松本市大手）／赤丸浅井神社（富山県高岡市福岡町）／高牟《たかむ》神社（愛知県名古屋市千種《ちくさ》区）／天津《あまつ》神社（京都府京都市北区）／多吉《たき》神社（京都府亀岡市西別院町）／高天彦《たかまひこ》神社（奈良県御所市北窪）／出雲大社（島根県出雲市大社町）／菅生《すごう》神社（岡山県倉敷市祐安《すけやす》）／天津《あまつ》神社（島根県邑智《おおち》郡美郷町）／高御魂《たかみむすび》神社（長崎県対馬市厳原《いづはら》町）など

⇩出雲神話のヒーローたちの母

神産巣日神《かみむすびのかみ》

【別称】神皇産霊尊《かみむすびのみこと》、神魂命《かみむすびのみこと》
【神格】生成力の本源神、出雲の神々の祖神《おやがみ》、大地母神、農耕神

穀物を育てる大地母神《だいちぼしん》

タカミムスビ神につづいて、三番目に高天原に現れたのがカミムスビ神である。これまで紹介した二神と同様、「造化三神」、「別天神五神」に含まれる根源神である。

その性格は女性的で、タカミムスビ神（男神）とは男女一対と考えられている。タカミムスビ神と同じく、生産・生成を意味する「ムスビ（産巣日・産霊）」の名があることからわかるように、万物を生み出す生命力をつかさどる霊妙な働きを持っている。最大の特徴は、神話では「大地母神」として活動する点だ。

大地母神とは、簡単にいえば穀物を育てる力を大地に与えるエネルギーそのものといってよい。その性格をよく表しているのが『古事記』のスサノオ尊《のみこと》（157ページ）による

食物神のオオゲツヒメ神殺しの場面である。このときカミムスビ神は、オオゲツヒメ神の死体から発生した蚕《かいこ》、稲、粟《あわ》、小豆《あずき》、麦、大豆を取って種として地上に蒔《ま》き、これが日本の農業の始まりとされている。

この話はいわゆる「食物（穀物）起源神話」の一つだが、『日本書紀』では、登場するメンバーが『古事記』とは異なり、ツキヨミ命（154ページ）とウケモチ神（103ページ）の組み合わせになっている。

「根源神」という堅苦しい肩書のせいで、カミムスビ神の名前はあまり知られていないが、実は日本神話のヒーローの一人であるオオクニヌシ命（238ページ）にまつわる出雲《いずも》を舞台とした物語では、とくに重要な役割を果たしている。

そもそもカミムスビ神は出雲系の神様で、カミムスビ神が活躍する神話には、スサノオ尊やオオクニヌシ命など出雲地方に深く関係する神がよく登場する。『出雲国風土記《ふどき》』では「ミオヤ命」の名で呼ばれ、出雲の神々の母なる神（祖神）として崇められる存在だ。

オオクニヌシ命の命の恩人

有名な「因幡《いなば》の白兎《しろうさぎ》」神話では、オオクニヌシ命が、因幡の国に住む美しいヤガミヒ

メ命をめぐる兄弟の八十神《やそがみ》たちとの求婚競争に勝ってその恨みを買い、真っ赤に焼けた石で焼き殺されてしまった。そのとき、カミムスビ神がキサガイヒメ（赤貝の神）とウムギヒメ（蛤の神）という貝の女神を天上から遣わしてオオクニヌシ命を蘇生させた。これは、カミムスビ神が持つ新たな生命力を生み出す「母なる力」を象徴するエピソードである。

この神には子が多くいるが、一番有名なのがスクナヒコナ命（76ページ）だろう。オオクニヌシ命のパートナーとして、国作りの大事業を成功させている。

のちにオオクニヌシ命は高天原のアマテラス大神の要求に応じて国土の統治権を譲り（国譲り神話）、代わりに隠棲するための立派な宮殿の建設を求めた。これに応じて造営されたのが天日隅宮《あめのひすみのみや》（のちの出雲大社）である。『出雲国風土記』には、カミムスビ神が出雲の神々に命じて自分が住む天上の宮殿をモデルに建築させたと伝わる。

なお、大地母神的な性格で農業生産と深く関係するこの神は、タカミムスビ神とともに古くから皇室の守護神である宮中八神の中心メンバーとして、豊穣を願う大嘗祭や祈年祭などの重要な祭祀で祀られている。

神社では、カミムスビ神が単独で祀られることはほとんどない。タカミムスビ神と一対か、国土創成神話の神々、あるいは宮中八神として祀られている。

◎ご利益　五穀豊穣、開運招福、厄除け、無病息災、縁結びなど

◎主な神社　八所《はっしょ》神社（山形県東置賜《おきたま》郡川西町）／安達太良神社（福島県本宮市本宮）／東京大神宮（東京都千代田区富士見）／四柱《よはしら》神社（長野県松本市大手）／高牟《たかむ》神社（愛知県名古屋市千種区）／天津《あまつ》神社（京都府京都市北区）／多吉《たき》神社（京都府亀岡市西別院町）／羽束師坐高御産日《はづかしにますたかみむすび》神社（京都府京都市伏見区）／出雲大社（島根県出雲市大社町）／御祖《みおや》神社（福岡県北九州市小倉北区）など

⇩永久不変の高天原を作った守り神

天之常立神《あめのとこたちのかみ》

【別称】天常立尊《あめのとこたちのみこと》、天底立尊《あめのそこたちのみこと》
【神格】高天原の守護神

「別天神」五神の最後に登場

この神は、アメノミナカヌシ神、タカミムスビ神、カミムスビ神、そして、本書では紹介していないウマシアシカビヒコヂ神につづき、第五番目に現れた神である。この五神を「別天神」と呼び、次に世界に現れる七神（神世七代）とは区別される。

名前の「トコ（常）」は、底、床と同じ意味で、また永遠を表す「常盤《ときわ》」の意味もある。アメノトコタチ神の役割は、宇宙空間に現れた高天原をしっかりとした形にすることだった。

出現したばかりの高天原は一時的な「現象」だったが、それに恒久性を与えて多くの神々が住む永久不変の空間として固定したのである。いってみれば、高天原の守り神であ

る。

次に現れるクニノトコタチ神が「国土」を象徴しているのに対し、アメノトコタチ神は「天」を象徴する。神話では登場してすぐに姿を隠してしまうので、その性格には謎が多い。他の別天神と同じく、別天神や神世七代の神々と一緒に祀られていることが多い。

◎ご利益　産業開発、五穀豊穣、家内安全、商売繁盛など

◎主な神社　出雲大社御本殿御客座（島根県出雲市大社町）／駒形《こまがた》神社（岩手県奥州市水沢）／駒形根神社（宮城県栗原市栗駒沼倉）／胸形《むなかた》神社（栃木県鹿沼市村井町）／総社《そうじゃ》大神宮（福井県越前市京町）／春日《かすが》大社末社天神社（奈良県奈良市春日野町）／高見神社（福岡県北九州市八幡東区）など

⇩「神世七代」の第一番目

国之常立神《くにのとこたちのかみ》

【別称】国常立尊《くにのとこたちのみこと》、国底立尊《くにのそこたちのみこと》
【神格】国土形成の根源神

『日本書紀』では本邦最初の神

系図では、天地開闢の最初に現れた「別天神」の五神につながっているが、ここからは「神世七代」とよばれるグループとなり、クニノトコタチ神はその第一番目に現れた神である。『日本書紀』には「国常立尊」、また『日本書紀』の一書《あるふみ》（別伝）には「国底立尊」とも記されている。

名前の「クニ（国）」は、アメノトコタチ神（天之常立神）の天に対する地、人間がその上で生活する大地を表し、「トコ（常）」は底と同じ意味で、永久不変、または基礎といったことを表している。すなわち、クニノトコタチ神は、生命現象が営まれる国土（大地）の永遠性を象徴する神様だ。

八百万の神々には、大地を基盤にした諸現象ごとにそれぞれ専門的な神がいるが、クニノトコタチ神は本来が大地そのものを象徴する根源神なので、ある特定の分野にだけ霊力を発揮することはない。いってみれば、国土の上で繰り広げられるあらゆる営みを守護する神といえる。とくにクニノトコタチ神は、神話において、その国土を形成する力がとても重視されているのが大きな特徴だ。

『日本書紀』の本文や一書では天地が分かれたときに最初に現れた神と記されている。そこから、中世の神道説においては、八百万の神々のなかでも中心的な神と考えられた。ちなみに『古事記』における最初の神であるアメノミナカヌシ神は、『日本書紀』の正伝には登場しない。

多くの神道流派の中心神

鎌倉時代以降、神道を体系的にとらえ積極的に信仰しようとして、いろんな神道説が現れ、それに基づく多くの神道流派が生まれた。

そうした神道説では、クニノトコタチ神を「太元《たいげん》」、「元始」、「元神《げんしん》」などと呼び、日本の神的世界の中心に位置する宇宙の本源神と考えられた。この位置づけは、『古事記』の

アメノミナカヌシ神と共通している。

代表的な神道流派の一つである吉田神道では、宇宙の大元尊神《たいげんそんしん》（万物に先駆けて存在する最初の神）としてクニノトコタチ神を祀り、八百万の神の中心に置いている。また、度会神道でも宇宙の根源神とされ、大変重要な役割を担っている。

また、神道系新宗教の大本教《おおもときょう》では、「艮《うしとら》の金神《こんじん》」と呼ばれる根本的な神を国祖の神＝クニノトコタチ神としている。国祖の神は、常には隠れているが時節到来とともに出現し、世にはびこる悪神を退治して理想の神政をもたらすと考えられている。

◎ご利益　国土安穏、出世成功、開運招福、商売繁盛、悪霊退散、厄除け、病気平癒、縁結びなど
◎主な神社　大滝神社（福井県越前市大滝町）／西金砂《にしかなさ》神社（茨城県常陸太田市上宮河内町）／大鳥神社（東京都目黒区下目黒）／日枝《ひえ》神社（東京都千代田区永田町）／御嶽《おんたけ》神社里宮（長野県木曽郡王滝村）／山津照《やまつてる》神社（滋賀県米原市能登瀬）／玉置神社（奈良県吉野郡十津川村）／熊野速玉大社（和歌山県新宮市新宮）／国常立《くにとこたち》神社（奈良県橿原市南浦町）／吉備津彦《きびつひこ》神社（岡山県岡山市北区）など

伊邪那岐命《いざなぎのみこと》・伊邪那美命《いざなみのみこと》

⇩「神世七代」の最後を飾る夫婦神

【別称】伊弉諾尊《いざなぎのみこと》・伊弉冉命《いざなみのみこと》
【神格】神々の親神、結婚の神、最初の夫婦神、出産の神

神様史上最初の夫婦神

クニノトコタチ神につづくトヨクモノ神から間に四代の神々をおいて現れたのが、神世七代の七番目にして、最後の根源神であるイザナギ命・イザナミ命の二神である。16～17ページの系図にあるように、間の四代は男神と女神のペアで、神世七代の最後となるイザナギ命とイザナミ命も男女一対の神である（男神と女神のペアの場合は二柱を一代と数える）。一般に日本の神々のルーツというと、この二神を思い浮かべる人も多いだろう。

神名の「イザナ（伊邪那）」は、誘《いざな》うという意味で、それに加わる「ギ（岐）」は男性性、

「ミ（美）」は女性性を表している。諸説あるが、イザナギ、イザナミは、それぞれ「誘う男」と「誘う女」を意味し、そこから互いに誘い合って結婚する男女を表している。それで、わが国最初の夫婦神、あるいは結婚の神、出産の神などともいわれるのである。

神話では、日本の国土や多くの神がこの二神の神婚によって生み出されたとされている。ただし、系図の流れを見ると、まずイザナギ命とイザナミ命の二神が協力して行う「国生み」「神生み」があり、これとは別にイザナギ命が単独で生む場合とイザナミ命が単独で生む場合の計三つの系統があることがわかる。

高天原に現れたイザナギ命とイザナミ命は、天の神に命じられて、天空に架かる天浮橋《あまのうきはし》に立ち、天沼矛《あめのぬぼこ》でドロドロ状態の海を掻きまわすと、矛の先からしずくが落ちて最初の島オノゴロ島となった。その島に降り立った二神は、八尋殿《やひろどの》を建て、天御柱《あめのみはしら》の周りをまわって夫婦の契りを結んだ。

最初にイザナミ命の方からイザナギ命に「なんていい男なの！」と言って契《ちぎ》りを結んで生まれたのが体の不自由なヒルコ命（92ページ参照）だった。こうなった理由を天の神に問うと「女から先に言うのがよくない」と教えられ、ヒルコ命を海に流した。

そのあと、改めてイザナギ命の方から「なんていい女だ！」と声をかけて契りを結び、

国土の神をはじめ、海や港の神（ハヤアキツヒコ神・ハヤアキツヒメ神）、山の神（オオヤマヅミ神）、木の神（ククノチ神）、野の神（カヤノヒメ神）、風の神（アメノミハシラ神・クニノミハシラ神）、穀物の神（ウケモチ神）、水の神（アメノミクマリ神・クニノミクマリ神）などを次々と生んだ（以上の神々については第三章参照）。

このほかに、二神はそれぞれ独自の活動によってさらに多くの自然神や文化神を生み出し、地上に神々の世界を形成するのである。

子づくり＝万物の創生だった

イザナミ命は、神生みの最後に火の神カグツチを生んだ際に大火傷《やけど》を負った。その苦しみのなかで生んだのが鉱山の神（カナヤマヒコ神・カナヤマヒメ神）、粘土の神（ハニヤスヒコ神・ハニヤスヒメ神）、水の神（ミズハノメ神）、穀物の神（ワクムスビ神）といった農産物の豊穣と深く関係する神々である。

イザナミ命は火傷がもとで死亡し、その死を悲しんだイザナギ命は、怒り狂って神剣・十拳剣《とつかのつるぎ》でカグツチ神の首をバッサリと切り落としてしまう。すると首から噴き出した鮮血が、剣の先や岩石群に飛び散り、そこから雷の神などとともに、剣の神（タケミカヅチ

命、フツヌシ命）や水の神（タカオカミ神）などが生まれた。

イザナミ命は死者の世界である黄泉の国に行き、自らの腐った死体から雷神《いかづちのかみ》（ホノイカヅチ神）を生み出した。

イザナギ命は、愛する妻のイザナミ命を追って黄泉の国に行くが、すでに死者の国の女王（黄泉津大神《よもつおおかみ》）となっていたイザナミ命と決別する（離婚のはじめ。また、ここから人間の生と死がはじまったとされる）。

死の穢《けが》れに満ちた黄泉の国から逃げ出したイザナギ命は、この世に戻ると、日向《ひゅうが》（宮崎県）の橘《たちばな》の小門《おど》の阿波岐原《あわきはら》の海に入って黄泉の穢れを洗い流した。

このときに、さまざまな神を生むが、次第に穢れが浄められる過程で海の神（ワタツミ神）、海・浄化の神（住吉三神《すみよしさんじん》）、災厄の神（オオマガツヒ神）が生まれた。そして、完全に清らかな状態となったとき、最後に生まれたのがアマテラス大神（太陽神）、ツキヨミ命（月の神）、そしてスサノオ尊の「三貴子《さんきし》（特別に貴い子）」である（以上の神々については第四章参照）。

以上のように、イザナギ命とイザナミ命は多くの神々を生み出したが、それはいわば地上の万物の生成ともいえる大仕事だった。

イザナギ・イザナミ二神の壮大な神生みの系譜をたどれば、その子どもたちによって、世界がいま私たちが暮らしているような姿（環境）に、すなわち変化に富んだ限りなく豊かなものになっていく過程を見ることができる。

◎ご利益　延命長寿、縁結び、夫婦円満、安産、商売繁盛、無病息災など

◎主な神社　多賀《たが》大社（滋賀県犬上《いぬかみ》郡多賀町）／熊野大社（山形県南陽市宮内）／多賀神社（宮城県仙台市太白《たいはく》区）／三峯《みつみね》神社（埼玉県秩父市三峰）／伊佐須美《いさすみ》神社（福島県大沼郡会津美里町）／筑波山神社（茨城県つくば市筑波）／武蔵御岳《むさしみたけ》神社（東京都青梅市御岳山）／白山神社（新潟県新潟市中央区）／白山比咩《しらやまひめ》神社（石川県白山市三宮町）／伊弉諾神宮（兵庫県淡路市多賀）／佐太《さだ》神社（島根県松江市鹿島町）／英彦山《ひこさん》神宮（福岡県田川郡添田町）／江田神社（宮崎県宮崎市阿波岐原《あわきがはら》町）／多賀神社（鹿児島県鹿児島市清水町）など

◆イザナギ命のみを祀る神社　皇大神宮別宮伊佐奈岐宮《いざなぎのみや》（三重県伊勢市中村町）／尾張多賀神社（愛知県常滑《とこなめ》市苅谷洞ノ脇《かりやほらのわき》）／雄山《おやま》神社（富山県中新川郡立山町）など

◆イザナミ命のみを祀る神社　花窟《はなのいわや》神社（三重県熊野市有馬町）／波上宮《なみのうえぐう》（沖縄県那覇市若狭）など

第二章

根源神の子と末裔《まつえい》たち

根源神の血を引く神々

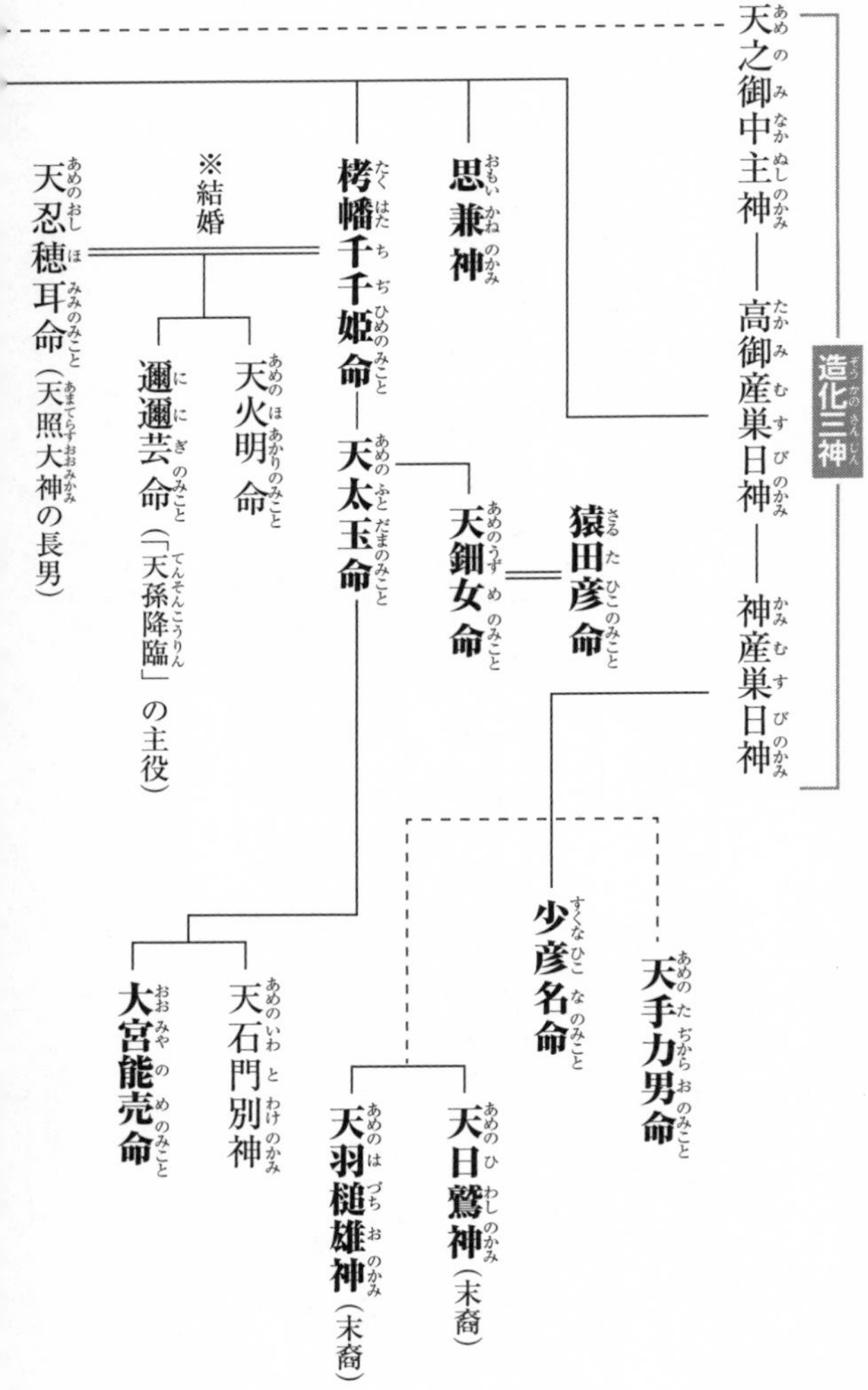

※太字が本章で紹介している神様

～第二章 根源神の子と末裔たち～

玉《たまの》祖《おや》命《のみこと》（孫）

賀《か》茂《も》建《たけ》角《つぬ》身《み》命《のみこと》（孫）――玉《たま》依《より》姫《ひめ》命《のみこと》

大《おお》山《やま》咋《くい》神《のかみ》

賀《か》茂《も》別《わけ》雷《いかづち》命《のみこと》

興《こ》台《ごと》産《む》霊《すび》神《のかみ》（曽孫）――天《あめの》児《こ》屋《や》根《ね》命《のみこと》

《天岩戸の前に集まった神々》

石《いし》凝《こり》姥《どめ》命《のみこと》
玉《たまの》祖《おや》命《のみこと》
天《あめの》児《こ》屋《や》根《ね》命《のみこと》
天《あめの》太《ふと》玉《だま》命《のみこと》
天《あめの》手《た》力《ぢから》男《お》命《のみこと》
天《あめの》鈿《うず》女《め》命《のみこと》

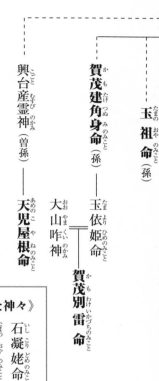

根源神の血を引く神々

この章では、根源神のなかの、アメノミナカヌシ神《のかみ》、タカミムスビ神、カミムスビ神のいわゆる「造化三神《ぞうかのさんじん》」の子どもや孫などを取り上げる。

「神世七代」の最後に登場したイザナギ・イザナミ二神は、根源神のなかでも特に「神々の親神」といわれる別格の存在なので、その血筋に連なる神々については章を改めて第三章、四章で詳しく紹介する。

アメノミナカヌシ神、タカミムスビ神、カミムスビ神の系統の神々は、主に天岩戸《あめのいわと》神話、国作り、国譲り、国土平定神話、天孫降臨などの場面に登場する。なかでも、日本神話のハイライトである天岩戸のシーンは、その前に集った根源神の子どもや孫にあたる神々が華々しく活躍することで一般にもよく知られている。それはこんなストーリーだ。

スサノオ尊《のみこと》が父神イザナギ命《のみこと》の命令に背き、姉のアマテラス大神《おおみかみ》がいる高天原《たかまがはら》に行って神衣《かむそ》を織る織女《おりめ》を殺したり、神聖な田を荒らしたりなどの乱暴狼藉《らんぼうろうぜき》を働いた。それに嘆き憤ったスサノオ尊の姉アマテラス大神は、天岩戸に隠れてしまう。

すると世界は太陽の光を失って真っ暗闇となり、あらゆる悪霊《あくりょう》がうごめき出し、地上に災厄《さいやく》があふれた。

これは何とかしなければということで、高天原の神々が天《あま》の安河原《やすかわら》に集まって、太陽の光を取り戻す方法、すなわちアマテラス大神を岩戸から導き出すための対策を協議した。

そこで、知恵をつかさどるオモイカネ神がアイデアを出し、大神を慰め喜ばせる盛大な祭りを企画。さまざまな専門的な能力を持つ神々を岩戸の前に緊急招集したのである。それが功を奏して、大神を岩戸から誘い出すことに成功し、世界に再び光が戻ることになった。

このとき、岩戸の前で行った祭りに参加した根源神の子や孫たちは、知恵（学問）の神、金属加工の神、鏡作りの神、織物の神、言霊《ことだま》（祝詞《のりと》）の神、舞踊（芸能）の神、力（スポーツ）の神といった特別な能力を持つ神々だった。

根源神の血統を引くこれらの神々は、日本の産業や文化の基盤となるさまざまな職業の祖《おや》神《がみ》として、今日も広く信仰されているのである。

天児屋根命《あめのこやねのみこと》

⇩アメノミナカヌシの玄孫。言霊の神

【別称】天児屋命《あめのこやねのみこと》
【神格】言霊《ことだま》の神、祝詞《のりと》の神、卜占《ぼくせん》の神、祭祀をつかさどる神

藤原氏(中臣氏《なかとみ》)の祖神

この神の血筋は、日本で最初に現れた神様で高天原の主宰神であるアメノミナカヌシ神の子孫にあたる。『日本書紀』一書《あるふみ》には、中臣氏の遠い先祖の言霊の神・コゴトムスビ神の子とされている。

親神のコゴトムスビ神については、平安時代初期の神道資料『古語拾遺《こごしゅうい》』には、アメノミナカヌシ神の曽孫《ひまご》とあるから、アメノコヤネ命は玄孫《やしゃご》ということになる。

名前の「コヤネ(児屋根《こやね》)」は、小さな屋根の意味だが、まだ神社が設けられる以前、神が宿る場所として小さな仮屋が設けられたことに由来する。このコヤネで神の意志をうかがう卜占をし、託宣を受けたりしたのである。つまり、この神はそうした神事祭祀をつ

かさどる場所や機能を神格化したものである。

アメノコヤネ命は、天岩戸の前に集った神々の一柱で、祝詞の神とされる。天岩戸の前で太祝詞《ふとのりと》（「フト」は立派なことの意）を奏上する役目を担当し、アマテラス大神を喜ばせる見事なほめ詞《ことば》を唱えた。

この神が祝詞を奏上する場面は、言霊信仰のルーツといわれる。「言霊」とは、言葉の持つ神秘的な力と働きに宿る神霊のことである。

言葉には、善悪吉凶を左右する力があると考えるのが言霊信仰で、神に通じる祝詞は最強の言霊ということになる。

天岩戸の前で重要な役割を果たしたのち、アメノコヤネ命は天孫降臨に随伴して地上に降ってからは、祭祀をつかさどる神として大いに活躍した。

『日本書紀』に「中臣連《なかとみのむらじ》の遠祖天児屋命」とある。「中臣」とは、神と人の間を取り持つという意味だが、アメノコヤネ命は中臣鎌足《かまたり》を祖とする藤原氏の氏神として信仰された。

中臣氏（のちの藤原氏）は、ヤマト王権において祝詞と卜占の職分を独占していたが、一族が高天原の至高神の子孫であるということが、その影響力を高める上で重要な役割を果たしたのである。

一般的にアメノコヤネ命は、藤原氏の氏神を祀る奈良の春日大社《かすが》の祭神として知られている。

◎ご利益　国家安泰、学業成就、開運厄除、諸願成就、出世、受験合格など

◎主な神社　枚岡《ひらおか》神社（大阪府東大阪市出雲井町《いずもい》）／姥神大神宮《うばがみ》（北海道檜山郡江差町《えさし》）／鹿島神宮（茨城県鹿島市宮中）／香取《かとり》神宮（千葉県香取市香取）／鳥越神社（東京都台東区鳥越）／五社神社・諏訪神社（静岡県浜松市中区）／大原野神社（京都府京都市西京区）／吉田神社（京都府京都市左京区）／春日大社（奈良県奈良市春日野町）／蜂《はち》田《た》神社（大阪府堺市中区）／その他各地の春日神社など

思兼神《おもいかねのかみ》

⇩タカミムスビの息子。知恵の神

【別称】思金神、八意思兼神《やごころおもいかねのかみ》、天八意思兼命《あめのやごころおもいかねのみこと》、常世思兼神《とこよのおもいかねのかみ》
【神格】知恵の神、文神

アマテラスの長男とは義兄弟

オモイカネ神は、『古事記』『日本書紀』には、「造化三神」のタカミムスビ神（高木神）の子とある。

また、『日本書紀』一書《あるふみ》には、アマテラス大神の長子のアメノオシホミミ神と結婚してニニギ命を生んだタクハタチヂヒメ命（54ページ）は、オモイカネ神の妹とある。つまり、オモイカネ神は、アマテラス大神の長男の妻の兄＝義理の兄という続柄になるわけだ。

「オモイカネ（思兼）」の「兼」とは、兼務、兼任などと使う場合の兼であり、一人で二つ以上のことをこなすという意味である。本居宣長《もとおりのりなが》の『古事記伝』では、「オモイカネ」とは「数人《あまたびと》の思慮《おもいはかるさとり》智を一《ひとり》の心に兼持《かねもて》る意なり」と解釈されている。

それを文字通りよく表しているのが「八意思兼神《やごころおもいかねのかみ》」という別称である。「八意」とは、さまざまな立場や視点から物事を考えるといった意味で、要するに、数多くの人間が持つ思慮分別の能力を一身に結晶させている神様なのだ。

高天原の司令神であるタカミムスビ神の血筋を受けて、オモイカネ神は持ち前の頭脳によるアイデアを駆使して物事をコントロールする能力にすぐれた知恵者だった。

敏腕プロデューサーの元祖

オモイカネ神は、今風にいえば企画力に長《た》けた敏腕プロデューサー、クリエイターといったイメージがある。たとえば、高天原の重大事に作戦参謀的な役割で参画して、諸事万端をめでたく収めたり、地上の支配権を譲渡させる国譲り・国土平定の際には、葦原《あしはらの》中国《なかつくに》に使者を派遣することを建策し、使者の選定も行ったりしている。

そうした能力を遺憾なく発揮した一番の事績は、天岩戸に隠れたアマテラス大神を誘い出すために天岩戸の前で行った盛大な祭りイベントである。

オモイカネ神は、まず、太陽が昇る夜明けの象徴として、常世《とこよ》の国から来た鶏の長鳴鳥《ながなきどり》を鳴かせた。次に、鍛冶《かじ》と鋳物の神につくらせた鏡や玉（のちに三種の神器《じんぎ》の一つとされ

る八咫鏡《やたのかがみ》と八尺瓊勾玉《やさかにのまがたま》）を飾った立派な玉串《たまぐし》を捧げた。

そしてアメノコヤネ命が大神をほめたたえる言葉を連ねた祝詞《のりと》を唱え、最後にアメノウズメ命が魅惑的な踊りを奉じるなどして最高の儀式を演出した。こうして、オモイカネ神は大神を天岩戸の外に誘い出し、世界に光を取り戻すことに成功したのである。

この場面は、古代の太陽神を祀る祭儀がモデルといわれるが、神祭りにとって重要な神器の鏡や玉の製作、祭具の玉串の考案、神楽の源流の舞踊（日本の芸能のはじめ）の演出など、オモイカネ神の企画の一つ一つが、今日のさまざまな産業や文化・芸術の源流となっているのである。

『古事記』には、オモイカネ神は、天岩戸の前に集った職業の祖神たち（五伴緒《いつとものお》と呼ばれる五神）と一緒に、天孫ニニギに随伴して地上に降ったと書かれている。

◎ご利益　学問上達、受験合格、出世開運、技術向上、家運隆昌《りゅうしょう》、木工職人守護など

◎主な神社　秩父神社（埼玉県秩父市番場町）／羽宇志別《はうしわけ》神社（秋田県横手市大森町）／静《しず》神社（茨城県那珂《なか》市静）／椋《むく》神社（埼玉県秩父市下吉田）／戸隠《とがくし》神社中社《ちゅうしゃ》（長野県長野市戸隠）／阿智《あち》神社（長野県下伊那郡阿智村）／日前《ひのくま》神宮・國懸《くにかかす》神宮（和歌山県和歌山市秋月）／興《こう》神社（長崎県壱岐市芦辺町）／西寒多《ささむた》神社（大分県大分市寒田）など

栲幡千千姫命《たくはたちぢひめのみこと》

⇩タカミムスビの娘。天孫ニニギの母親

【別称】万幡豊秋津師比売命《よろずはたとよあきつしひめのみこと》
【神格】織物の神

皇祖神の血統との出会い

タクハタチヂヒメ命は、「造化三神」のタカミムスビ神（高木神）の娘で、兄はオモイカネ神である。アマテラス大神の長男のアメノオシホミミ命と結婚して、アメノホアカリ命（181ページ）と、天孫降臨神話の主役のニニギ命（176ページ）の二神を生んだ。

このニニギ命の誕生によって、タカミムスビ神の血筋がアマテラスに始まる天皇家の祖となる神（皇祖神）の血統と結びついたわけである。一説に、アマテラス大神ではなくタカミムスビ神こそ皇祖神であるとする説もある。そういう謎が生まれるのも、この女神の結婚がきっかけといえるだろう。

名前の「タク（栲）」は、白膠木《ぬるで》（秋の紅葉が美しいうるし科の木）のことで、「ハタ

（幡）」は機織《はたおり》の機、「チヂ（千千）」は縮む状態、すなわち織り地が縮んでいる色鮮やかで美しい織物を象徴する女神ということである。

古来、機織は女性によって行われてきたが、それが神話にも反映されていて、タクハタチヂヒメ命はアマテラス大神の神聖な機屋《はたや》で神衣《かむそ》を織る機織女《め》として登場している。そのため、この女神は、平安時代初期の『皇太神宮《こうたいじんぐう》儀式帳』によると、伊勢神宮内宮の相殿神《あいどのしん》（主神以外の祭神）とされ、各地の伊勢信仰系の神社にも祀られている。

◎ご利益　織物業守護、子宝、安産など

◎主な神社　都美恵《つみえ》神社（三重県伊賀市柘植《つげ》町）／塩沢神社（福島県二本松市塩沢）／船橋大神宮（千葉県船橋市宮本）／戸隠神社日之御子《ひのみこ》社（長野県長野市戸隠）／椿大神《つばきおおかみ》社《やしろ》（三重県鈴鹿市山本町）／皇大神宮別宮荒祭宮《あらまつりのみや》（三重県伊勢市宇治館町）／泉穴師《いずあなし》神社（大阪府泉大津市豊中）／わら天神宮（京都府京都市北区）／吉野水分《みくまり》神社（奈良県吉野郡吉野町）／伊勢神社（岡山県岡山市北区）など

玉祖命《たまのおやのみこと》

⇩タカミムスビの孫。宝玉の神

【別称】櫛明玉命《くしあかるたまのみこと》、天羽明玉命《あめのはあかるたまのみこと》、天明玉命《あまのあかるたまのみこと》、天豊玉命《あめのとよたまのみこと》
【神格】玉造《たまつくり》の神

八坂瓊勾玉《やさかにのまがたま》の作者

タマノオヤ命は、天岩戸の前に集った神々の一柱で、「造化三神」のタカミムスビ神の孫にあたる。天岩戸の前でアマテラス大神を慰撫《いぶ》するための祭具として、三種の神器の一つ八坂瓊勾玉を作ったことで知られる。

別称にある櫛明玉、羽明玉、豊玉は、いずれも美しく輝く宝玉・珠玉を意味し、古代に勾玉などの玉類の生産に従事した玉造連《たまつくりのむらじ》、玉祖連《たまのおやのむらじ》の遠祖として崇敬される神である。

『古事記』には、この神がつくった八坂瓊勾玉はアマテラス大神に捧げられたのち、天孫降臨のときに大神から八咫鏡《やたのかがみ》とともにニニギ命に授けられ、地上の統治権を象徴する「三種の神器」の一つとなった。

なお、『古語拾遺』には、「櫛明玉命は出雲国の玉造りの祖神」とある。玉造の地名が残る島根県松江市玉湯《たまゆ》町は、もとは古代出雲の玉造部《べ》の居住地で、勾玉の材料の瑪瑙《めのう》・碧《へき》玉《ぎょく》・水晶の産地でもあった町内の花仙山《かせんざん》の麓には、玉類や砥石などが数多く出土した玉造遺跡がある。

◎**ご利益**　宝石、眼鏡、レンズ・カメラなどの業種守護など

◎**主な神社**　玉祖《たまのおや》神社（山口県防府《ほうふ》市大崎）／比々多《ひびた》神社（神奈川県伊勢原市三ノ宮）／玉諸《たまもろ》神社（山梨県甲州市塩山竹森）／建部《たけべ》大社（滋賀県大津市神領《じんりょう》）／石作《いしつくり》・玉作神社（滋賀県長浜市木之本町）／玉祖神社（大阪府八尾市神立《こうだち》）／櫛玉命神社（奈良県高市《たかいち》郡明日香村）／日前《ひのくま》神宮・国懸《くにかかす》神宮（和歌山県和歌山市秋月）／玉作湯《たまつくりゆ》神社（島根県松江市玉湯町）／船路《ふなじ》八幡宮（山口県山口市徳地《とくぢ》船路）など

天太玉命《あめのふとだまのみこと》

⇩タカミムスビの孫。ニニギの異母兄弟

【別称】布刀玉命《ふとだまのみこと》、太玉命《ふとだまのみこと》、大麻比古命《おおあさひこのみこと》
【神格】占いの神、祭具の神

玉串や注連縄《しめなわ》のルーツ

アメノフトダマ命は、天岩戸の前に集った神々の一神で、『古語拾遺』や『新撰姓氏録《しんせんしょうじろく》』（平安時代初期に編纂された古代氏族名鑑）には、タカミムスビ神の娘のタクハタチヂヒメ命の子（タカミムスビ神から見れば孫）にあたり、天孫降臨の主役のニニギ命とは同母兄弟とされている。

神社で見かける玉串《たまぐし》（御幣《ごへい》）や注連縄のルーツとされ、その名は知らなくても、神社に参拝したときやお祓《はら》いを受けるとき、家を新築する際の地鎮祭などで必ずお世話になっている神様だ。

『古事記』では、アメノフトダマ命が天岩戸の前で卜占をし、つづいて枝葉の茂った榊《さかき》に

大きな勾玉を連ねた玉飾りや、大きな鏡、楮《こうぞ》で織った白木綿《しらゆう》と麻で織った青木綿を下げ垂らし、さらに太玉串（立派な玉串）を作って、それを捧げ持ち、アマテラス大神が岩戸から出現することを願った、と書かれている。

また、大神が岩戸の扉を開けて出てきたとき、アメノフトダマ命が用意していた尻久米《しりくめ》縄《なわ》（注連縄）を扉の前に張ったことによって、大神が再び隠れられないようにした。この場合の注連縄は、太陽神のアマテラス大神が本来在るべき場所、すなわち聖域との結界《けっかい》の役割を果たしている。

天岩戸の前で活躍したのち、アメノフトダマ命は、アマテラス大神に命じられてニニギ命の天孫降臨に随伴して地上に降り、祭祀をつかさどる役目を果たした。『日本書紀』には、この神は古代氏族の忌部《いんべ》氏（中央忌部）の遠祖だと書かれている。

忌部氏の一族は、古代朝廷の祭祀の職務を遂行し、宮廷の宗教儀式に使うさまざまな祭具の製作部門の管理や宮殿の造営などを担っていた。古代の阿波《あわ》忌部氏が、麻や楮を植えて布や紙を製造し朝廷に献上していたという記録もある。

神話で、アメノフトダマ命が麻や楮を用いて立派な玉串を作る場面は、そうした忌部氏の職務を反映したもので、「大麻比古命」という別名も麻の生産との関わりに由来してい

る。

玉串も注連縄も神を祀る道具であり神聖性を示す標識である。とくに注連縄は、神聖な領域から不浄をシャットアウトする機能を持つことから、悪霊を防ぐバリアとしての霊力を持つと考えられている。

◎ご利益　災難除け、方位除け、厄除け、縁結び、殖産興業、技術向上、織物業守護など

◎主な神社　大麻比古《おおあさひこ》神社（徳島県鳴門市大麻町）／白河神社（福島県白河市旗宿）／天津神社（新潟県糸魚川市一の宮）／安房《あわ》神社（千葉県館山市大神宮）／大原神社（千葉県君津市平山）／多治《たじ》神社（京都府南丹《なんたん》市日吉町）／穴栗神社（奈良県奈良市横井）／天太玉命神社（奈良県橿原《かしはら》市忌部町）／五社神社・諏訪神社（静岡県浜松市中区）／法《ほっ》吉《き》神社（島根県松江市法吉町）／粟井神社（香川県観音寺市粟井町）など

賀《か》茂《も》建《たけ》角《つ》身《ぬ》命《みのみこと》

⇩タカミムスビの孫。下鴨神社の祭神

【別称】鴨建津見命《かものたけつのみのみこと》
【神格】農業神

八咫烏《やたがらす》はこの神の化身

カモタケツヌミ命は、「造化三神」のタカミムスビ神の孫で、娘のタマヨリヒメ命とともに京都の観光名所として人気の下鴨《しもがも》神社の祭神である。タマヨリヒメ命の息子が雷神のカモワケイカヅチ命（73ページ）で、この神は上賀茂《かみがも》神社の祭神だ。

このように、親とその娘、孫の三神が、由緒ある神社に寄り添って祀られているケースは全国的にも珍しい。

『古事記』では、神武東征の際に天皇の先導役を果たした八咫烏は、カモタケツヌミ命の化身としている。八咫烏は、現代では、サッカー日本代表チームのエンブレムとして有名だ。

神武天皇の軍隊が熊野に上陸して奥地に進み、荒ぶる神々の抵抗に悩まされていたとき、タカミムスビ神（『日本書紀』ではアマテラス大神）が、「今、天から八咫烏を遣わすので、その先導によって軍を進めるがよい」と告げた。その八咫烏の導きによって天皇の軍は無事に大和へ入ったのである。『新撰姓氏録』にも「鴨建津見命《かもたけつのみのみこと》、大鳥（八咫烏）と化して神武天皇を導く」とある。

賀茂《かも》氏の先祖について書かれた『賀茂始祖伝』によれば、カモタケツヌミ命一族は、日向《ひゅうが》の高千穂に住んでいたが、神武東征の際にタカミムスビ神の命を受けて熊野に赴き、大鳥に化身して天皇を紀州熊野から大和へと先導した。その功により天皇から「八咫烏」の称号を得たという。

神武天皇の先導役を務めたあと、八咫烏＝カモタケツヌミ命は大和の葛城《かつらぎ》山に滞在していたが、のちに山城（京都府南部）の賀茂に移り、賀茂川上流の賀茂神社の地に落ち着いたという。『古語拾遺』には、この神は山城の大豪族であった賀茂県主《かものあがたぬし》の遠祖とある。

歴史的には、山城の賀茂一族は五世紀後半の雄略天皇の頃に大和の葛城から北上して京都に移り、賀茂川沿いの地域を開拓したと考えられている。

なお、カモタケツヌミ命の娘のタマヨリヒメ命と、海神のワタツミ神の娘タマヨリヒメ

命（208ページ）は、名前は同じだが異なる神である。

◎ご利益　方位除け、厄除け、五穀豊穣、縁結び、安産など

◎主な神社　賀茂御祖《かもみおや》神社〈下鴨神社〉（京都府京都市左京区）／賀茂小鋭《かもおとの》神社（宮城県石巻市福地）／小坂《おさか》神社（長野県須坂市井上）／賀茂神社（福井県福井市加茂町）／御蔭《みかげ》神社（京都府京都市左京区）／八咫烏神社（奈良県宇陀《うだ》市榛原《はいばら》高塚）／八咫烏神社（奈良県橿原《かしはら》市五条野町）／熊野速玉《はやたま》大社境内八咫烏神社（和歌山県新宮市新宮）／その他全国の賀茂神社、八咫烏神社など

⇩タカミムスビの曽孫。アマテラスの侍女

大宮能売命《おおみやのめのみこと》

【別称】大宮売命《おおみやのめのみこと》、大宮乃売命《おおみやのめのみこと》、宮比神《みやびのかみ》、宮風神《みやびのかみ》

【神格】市の神、食物神、百貨店の神、旅館業・サービス業の神

接客サービス業の守護神

オオミヤノメ命は、『古語拾遺』の天岩戸神話のなかで、タカミムスビ神の孫・アメノフトダマ命（58ページ）の娘として登場する。

その後、アマテラス大神の侍女として側に仕え、その心をよく汲み取って、すべてのことが無事に運ぶように調整する役割を果たした。その立ち居振る舞いがみやびで、しかも愛嬌があることから、宮比神とか宮風神とも呼ばれたと伝わっている。

この女神の基本的な性格は、父親のアメノフトダマ命と同様に宮廷の祭儀に関係している。たとえば、天皇の大殿《おおとの》（宮殿の正寝殿の尊称）の内に祀られている宮中八神《きゅうちゅうはっしん》の一神として、

宮殿の災害予防と平安を祈る儀式である大殿祭《おおとのほかい》の祝詞《のりと》にその名が登場する。

このときの祝詞で示されるオオミヤノメ命の性格は、君臣の間に立ち、善言美詞《ぜんげんびし》を駆使して調和を図るというものだ。

そうした性格から、この女神は商売では市場や百貨店の神、接客サービス業である旅館の神、家庭では家内安全、家族和合の神として信仰されている。また、芸能神のアメノウズメ命と同神とされて、芸能上達や学業向上の守護神としての信仰もある。

また、稲荷《いなり》信仰の総本社の伏見《ふしみ》稲荷大社から分霊した全国の稲荷神社で、稲荷大神三座（ウカノミタマ神＝稲荷神、サタヒコ大神＝サルタヒコ神、オオミヤノメ命）の一座として祀られることが多い。

◎ご利益　商売繁盛、五穀豊穣、家内和合、病気平癒、厄除開運など

◎主な神社　伏見稲荷大社上社・南座（京都府京都市伏見区）／笠間稲荷神社（茨城県笠間市笠間）／常陸国総社宮《ひたちのくにそうじゃぐう》（茨城県石岡市総社）／東伏見稲荷神社（東京都西東京市東伏見）／水稲荷神社（東京都新宿区西早稲田）／大宮姫稲荷神社（京都府京都市上京区）／大宮売《おおみやのめ》神社（京都府京丹後市大宮町）／祐徳《ゆうとく》稲荷神社（佐賀県鹿島市古枝）／その他全国の稲荷神社など

天鈿女命《あめのうずめのみこと》

⇩タカミムスビの曽孫？ 踊りの名手

【別称】天宇受売命《あめのうずめのみこと》、天宇須女命《あめのうずめのみこと》、大宮能売神《おおみやのめのかみ》、宮比神《みやびのかみ》
【神格】芸能の神、縁結びの神、夫婦和合の神

アマテラスの血筋説も

天岩戸の前に集える神々の一神であるアメノウズメ命は、昔から芸能の神として知られ、日本の数多の神々のなかでも人気がある。ただし、出自の詳細は不明で、その系譜については諸説ある。

『古語拾遺』には、アメノフトダマ命の娘がオオミヤノメ命とある。前項で書いたように、このオオミヤノメ命は、古くからアメノウズメ命と同神とされてきた神様だ。

たとえば、伊勢神宮内宮の域内に、アマテラス大神に仕えるように祀られている宮比神（宮邊神《みやべのかみ》）は、オオミヤノメ命ともアメノウズメ命ともいわれている。忌部氏の系図

でも、忌部氏の遠祖のアメノフトダマ命の娘がアメノウズメ命とされている。

ということは、アメノフトダマ命の項で述べたように、アメノフトダマ命はタカミムスビ神の孫だから、その娘のアメノウズメ命（オオミヤノメ命）はタカミムスビ神の曽孫ということになる。

また、アメノウズメ命は、アマテラス大神とスサノオ尊との誓約《うけい》（神の意志を問う古代の占い）によって生まれた五柱の男神の第三子・アマツヒコネ神（174ページ）の娘という説もある。これに従えば、アメノウズメ命はアマテラス大神の孫にあたる。

いずれにせよ、アメノウズメ命が天岩戸の前に召集されて活躍した背景には、タカミムスビ神あるいはアマテラス大神の血筋が、大いに関わっているということが推測されるのだ。

霊能者集団・猿女《さるめ》一族

アメノウズメ命は、天岩戸の前で熱狂的な踊りを披露し、アマテラス大神を天岩戸から導き出し、日の神（太陽神）の復活に大きな役割を果たした。そこから日本の芸能の源流である神事芸能の神楽《かぐら》の祖神とされるようになった。『古事記』や『日本書紀』に、「巧み

に俳優《わざおぎ》をなし」と書かれていることから、俳優のルーツともいわれる。

また、天岩戸の前で活躍したあと、アマテラス大神の側近として奉仕したアメノウズメ命は、天孫降臨に随行して地上に降る途中の天の八衢《あめのやちまた》（天空の辻、分岐点）で、サルタヒコ命（猿田彦命。70ページ）と出会って結婚し、彼の故郷の伊勢国（三重県）に住み、のちに宮廷祭祀の鎮魂祭や大嘗祭《だいじょうさい》などにかかわる猿女君《さるめのきみ》の祖神になった。

猿女君とは、宮廷祭祀の場で神楽を舞う神祇官《じんぎかん》の役職名で、猿は「戯《さる》」に通じ、「猿女」は宮廷祭祀のときに滑稽な動作で歌舞を演ずる集団につけられたものという。

猿女君の祖神のアメノウズメ命の大元のルーツは、伊勢を本拠地とした巫女《みこ》（シャーマン）としての役割を専門とする女性たちが中心の、特殊な霊能者集団である猿女一族と考えられている。彼女らは、非常に熱狂的でエロチック（古代には滑稽さと同義）な踊りによって神々を喜ばせ、神の託宣を聞く呪力を駆使した。

名前の「ウズ（鈿）」とは、神事の際に、神を招き降ろす「依代《よりしろ》」として頭に挿《さ》す枝葉や花などの飾り物の「挿頭《かざし》」を意味するという。そこから「ウズメ」とは、髪飾りを挿した女という意味になり、巫女のイメージとも合致する。

◎ご利益　芸能（歌舞音曲）・茶道・華道・書道の上達、縁結び、夫婦円満など

◎主な神社　椿大神社《つばきおおかみやしろ》別宮椿岸神社《つばききしじんじゃ》（三重県鈴鹿市山本町）／佐倍乃《さえの》神社（宮城県名取市愛島笠島《めでしまかさしま》）／鈿女《うずめ》神社（長野県北安曇郡松川村）／御園神社（東京都大田区西蒲田）／戸隠神社火之御子《ひのみこ》社（長野県長野市戸隠）／伊勢神宮内宮所管社宮比神（三重県伊勢市宇治館町）／猿田彦神社境内佐瑠女《さるめ》神社（三重県伊勢市宇治浦田）／千代《ちよ》神社（滋賀県彦根市京町）／車折《くるまざき》神社境内芸能神社（京都府京都市右京区）／賣太《めた》神社（奈良県大和郡山市稗田《ひえだ》町）／塞《さい》神社（長崎県壱岐市郷ノ浦町）など

猿田彦命《さるたひこのみこと》

⇩アメノウズメの夫。ニニギの道案内役

【別称】猿田毘古神《さるたひこのかみ》、白鬚明神《しらひげみょうじん》、道祖神《どうそじん》、金精《こんせい》（勢）神《じん》

【神格】道案内の神、導きの神、夫婦和合の神、縁結びの神、塞《さい》の神、道祖神

天狗の元祖とも

サルタヒコ命は地上の国津神《くにつかみ》で、妻はアメノウズメ命である。天狗の元祖といわれる奇怪な風貌の持ち主で、「天孫降臨神話」に登場する人気者である。

サルタヒコ命の確かな出自は不明だが、有力な説として、伊勢・志摩地方の海人《あま》（漁労民）が信仰していた土着的な男性の太陽神であろうといわれる。

歴史的には、太陽神のサルタヒコ命を一族の守護神と崇める伊勢の古代部族が、ヤマト王権に服属し、それとともにサルタヒコ命も同じく太陽神のアマテラス大神の系統のなかに組み入れられていったと考えられる。

それを物語るのが、『古事記』の天孫降臨のワンシーンである。サルタヒコ命は、天《あめ》の八衢《やちまた》まで出迎えに行ってニニギ命を地上まで道案内し、そのときに出会ったのが縁で天津神のアメノウズメ命と結婚し、サルタヒコ命の故郷の伊勢国に住んだ。

サルタヒコ命の末裔《まつえい》のオオタ命（大田命）は、アマテラス大神が鎮まる地を求めて伊勢国にやって来たヤマトヒメ命を出迎え、五十鈴川の川上の聖地を奉献し、伊勢神宮の創建に貢献した。

また、オオタ命の子孫は、姓を宇治土公《うじのつちぎみ》と称して代々神宮に奉仕し、自邸に屋敷神として祖神のサルタヒコ命を祀った。これが、三重県伊勢市の伊勢神宮内宮近くにある猿田彦神社の創始という。子孫の宇治土公家が代々の宮司を務めている。

天孫を天の八衢に出迎えたことから、サルタヒコ命は衢《ちまた》の神とも呼ばれる。その道案内・行路安全の守護という能力から、民俗信仰の塞《さい》（境）の神や道祖神と結びつけられた。ほかにも、白鬚明神の別名もある。

また、性信仰の金精神としての顔もあり、江戸時代中期には、猿と申《さる》の共通性から民間信仰の庚申様《こうしんさま》とも習合した。

◎ご利益　災難・方位除け、延命長寿、縁結び、厄除け、出世開運、商売繁盛など
◎主な神社　椿大神社《つばきおおかみやしろ》（三重県鈴鹿市山本町）／巻堀《まきぼり》神社（岩手県盛岡市巻堀本宮）／白鬚《しらひげ》神社（東京都墨田区東向島）／大野湊《おおのみなと》神社（石川県金沢市寺中町）／白鬚神社（滋賀県高島市鵜川）／都波岐奈加等《つばきなかと》神社（三重県鈴鹿市一ノ宮町）／猿田彦神社（三重県伊勢市宇治浦田町）／猿田彦神社（福岡県福岡市早良《さわら》区）など

賀茂別雷命《かもわけいかづちのみこと》

⇩タカミムスビの玄孫。雷の神

【別称】賀茂大神《かものおおかみ》
【神格】雷神、農業神、治水の神

雨乞いと治水をつかさどる

カモワケイカヅチ命は記紀神話には登場しない神だが、その出生については、『山城国風土記』逸文《いつぶん》の「丹塗矢《にぬりや》の伝説」から知ることができる。

タマヨリヒメ命が、父のカモタケツヌミ命（61ページ）と一緒に、賀茂川の上流で水遊びをしていると、赤く塗られた美しい矢（丹塗矢。鳴鏑神《なりかぶらのかみ》＝オオヤマクイ神の化身）が流れてきた。それを家に持ち帰って寝室に飾っておいたところ、姫は身ごもり、男の子が生まれた。その子は成人すると屋根を突き破って天に昇ってしまったので、雷神の子であることがわかったという。この雷神の子がカモワケイカヅチ命（賀茂別雷命）だ。「別《わけ》雷《いかづち》」とは若々しい雷の意味である。

この物語が示すのは、カモワケイカヅチ命の父はオオヤマクイ神、母はタマヨリヒメ命ということである。さらにさかのぼると、44～45ページの系図をご覧いただくとわかるように、カモワケイカヅチ命は、タカミムスビの孫（＝カモタケツヌミ命）の孫、つまり玄孫《やしゃご》にあたる。

カモワケイカヅチ命を祀る上賀茂神社（賀茂別雷神社）とカモタケツヌミ命・タマヨリヒメ命を祀る下鴨神社は、古くから二社一体で「賀茂社」と総称された。なかでも山城国一の宮である上賀茂神社の祭神カモワケイカヅチ命は、京都地方の守護、また王城鎮護《ちんご》の神として崇敬されてきた。

カモワケイカヅチ命の母神のタマヨリヒメ命が祀られている下鴨神社は、もともとの信仰の始まりが井泉《いせん》の神を祀って五穀豊穣を祈ったものだし、父神のオオヤマクイ神は、水源を支配する山の神である。

また、カモワケイカヅチ命のお祖父さんのお祖父さん（高祖父）にあたるタカミムスビ神は大地に生命力を与える大地母神だった。このような血筋から見れば、雷神カモワケイカヅチ命の中心的な役割は農業神ということができる。

『山城国風土記』逸文の「賀茂社縁起」には、欽明《きんめい》天皇（五一〇～五七一）の御世に天候

不順で稲の生育が悪く農民が疲弊したが、その原因が賀茂神（賀茂社の祭神の古称）の祟りだとわかり、天皇の命で祭祀を行ったところ晴雨の周期も順調となり無事に稲が実った。以来、賀茂神は祈雨（雨乞い）・止雨、治水、農業守護の神として篤く信仰されるようになったという。

◎ご利益　方位除け、厄除け、五穀豊穣、商売繁盛、縁結び、安産、子育てなど

◎主な神社　賀茂別雷神社〈上賀茂神社〉（京都府京都市北区）／賀茂小鋭《かもおと》神社（宮城県石巻市福地）／金村別雷《かなむらわけいかずち》神社（茨城県つくば市上郷）／賀茂別雷神社（栃木県佐野市多田町）／賀茂神社（群馬県桐生市広沢町）／別雷神社（静岡県静岡市葵区）／賀茂神社（福井県福井市加茂町）／賀茂神社（兵庫県たつの市御津町）／鴨神社（岡山県加賀郡吉備中央町）／神野《かんの》神社（香川県仲多度郡まんのう町）／その他全国の賀茂（加茂）神社、雷神社、雷電神社など

少彦名命《すくなひこなのみこと》

⇩カミムスビの息子。一寸法師のルーツ

【別称】少名毘古那命《すくなびこなのみこと》
【神格】穀物神、薬祖神、酒造神、温泉神

オオクニヌシ命と国作りに奔走

スクナヒコナ命は、「造化三神」の一柱であるカミムスビ神の子どもである。

この神様は、『御伽草子《おとぎぞうし》』の「一寸法師」や『日本霊異記《にほんりょういき》』の道場法師（雷の子で力持ち）などのモデルの小人神《こびとがみ》で、民俗学でいう「小さ子《ちいさご》」のルーツとされる。古くから日本人に愛されている日本神話の人気者である。

『古事記』では、スクナヒコナ命は海の彼方の常世《とこよ》の国（豊穣神の故郷とされる異界）から天羅摩船《あめのかがみのふね》（ガガイモの殻の船）に乗り、光沢のある蛾《が》の皮を着てオオクニヌシ命の前に現れる。不思議に思ったオオクニヌシ命が案山子《かかし》の神格化のクエビコ神に聞くと「カミムスビ神の御子である」と答えた。

そこでオオクニヌシ命がカミムスビ神に報告すると、「私の手の俣《また》よりこぼれた子である。あなたと兄弟の契りを結んで国作りをしなさい」と言われた。それで二人でコンビを組み、全国をめぐって国土経営の大事業に取りかかった。

その後、多くの仕事をやり終えたスクナヒコナ命は、最後に淡嶋《あわしま》（和歌山市の淡嶋神社がゆかりの地とされている）で粟《あわ》の茎に登り、その弾力で弾き飛ばされて常世の国に帰ったとされる。

癒しのパワーは母親譲り

スクナヒコナ命の基本的な性格は、豊穣の源である常世の国から訪れる穀霊（穀物神）だが、その一番の業績は、全国をめぐっての国土開発の事業や農業技術、医療などの指導と普及である。なかでも、病気治療の薬として酒造りの技術を広め、温泉を初めて医療に用いたことから、スクナヒコナ命は今日でも酒造の神、温泉の神、医薬の神として信仰を集めている。近世以降は、中国の薬祖神である神農《しんのう》神と一緒に祀られるようになった。

温泉の神としてのスクナヒコナ命を物語る有名なエピソードが、『伊予《いよ》国風土記』逸文にある。オオクニヌシ命が伊予（愛媛県）で病気になったとき、それを癒そうとスクナヒ

コナ命が地中の樋《とい》を通して豊後（大分県）の速見湯《はやみゆ》（別府温泉）から湯を引き、オオクニヌシ命に湯浴《ゆあ》みをさせると、やがて病気は快癒した。このときに開いた温泉が伊予郡の温泉（現在の愛媛県松山市の道後《どうご》温泉）の元になったという。

このスクナヒコナ命の医療行為から連想されるのは、母神カミムスビが、兄神に焼き殺されたオオクニヌシ命を、キサガイヒメとウムギヒメを派遣して霊妙な塗り薬によって蘇生させる姿だ（30ページ）。医薬神としてのスクナヒコナ命の性格は、カミムスビ神の血を引いているのである。

◎ご利益　国土安穏、産業開発、漁業・航海守護、病難除去、縁結び、安産、子育てなど

◎主な神社　淡嶋神社（和歌山県和歌山市加太《かだ》）／北海道神宮（北海道札幌市中央区宮ヶ丘）／湯殿山《ゆどのさん》神社（山形県鶴岡市田麦俣《たむぎまた》）／温泉神社（福島県いわき市常磐《じょうばん》湯本町）／酒列磯前《さかつらいそさき》神社（茨城県ひたちなか市磯崎町）／那須温泉神社（栃木県那須塩原郡那須町）／神田神社（東京都千代田区外神田）／御嶽《おんたけ》神社（長野県木曽郡王滝村）／湯前《ゆぜん》神社（静岡県熱海市上宿町）／少彦名神社（大阪府大阪市中央区）／温泉《とうせん》神社（兵庫県神戸市北区）／湯神社（愛媛県松山市道後湯之町）など

⇩カミムスビの息子？ 天岩戸で力を発揮

天手力男命《あめのたぢからおのみこと》

【別称】天之手力雄命《あめのたぢからおのみこと》、手力雄神《たぢからおのかみ》
【神格】力の神、技芸の神、スポーツの神

怪力無双で手先も器用

アメノタヂカラオ命は、とてつもない怪力の持ち主で、日本の八百万の神々のなかでも人気上位の神様である。

『古事記』には、天岩戸に隠れたアマテラス大神が、大勢の神々の笑い声が気になって、扉の隙間から外をのぞいたとき、すかさずアメノタヂカラオ命が扉を引き開けて大神を導き出した。その後、天孫降臨に随伴して地上に降り、佐那県《さなのあがた》（三重県多気《たき》郡の佐那神社の地）に住んだという。

また、戸隠《とがくし》神社（長野県長野市）に伝わる伝承では、アメノタヂカラオ命が天岩戸の扉を高天原からエイッとばかりに放り投げると、地上に落下して戸隠山になった。それで、

ここが自分の住む地と定め、天孫降臨に従って九州に降ったのち、紀伊（和歌山県）を経て戸隠にやって来て定住したという。

ただし、その系譜に関しては、記紀神話には何も書かれていない。わずかな手掛かりとして、『新撰姓氏録』に「カミムスビ神の子で紀伊国造《きいのくにのみやつこ》の系譜に出てくる爪工連《はたくみのむらじ》の祖」とある。

爪工連とは、貴人が用いる衣笠《きぬがさ》（絹を張った長柄のかさ）や冠への挿頭《かざし》（ウズ、飾り物）などを製作して宮中に奉仕した氏族である。この一族へとつながる、祖神としてのアメノタヂカラオ命の血筋は、一般に知られる力の神のイメージよりも、技芸の神としての性格が強い。

この神は、富山県の立山信仰の神様で、古くから立山権現として崇敬されてきた。また、昔から庶民に親しまれていて、各地に伝わる神楽《かぐら》にその姿を見ることができる。有名な宮崎県高千穂の夜神楽の「戸取《ととり》の舞《まい》」はこの神が主役で、力感的で雄壮な舞が人気である。

◎ご利益　スポーツ・技芸上達、五穀豊穣、開運招福、災難・厄除けなど
◎主な神社　戸隠神社奥社（長野県長野市戸隠）／伊波止和気《いわとわけ》神社（福島県石川郡古殿《ふるどの》

町《まち》）／船橋大神宮（千葉県船橋市宮本）／湯島神社（東京都文京区湯島）／雄山《おやま》神社（富山県中新川郡立山町）／手力雄《てぢからお》神社（岐阜県各務原《かかみがはら》市那加手力《なかてぢから》町）／佐那神社（三重県多気郡多気町）／安賀多《あがた》神社（宮崎県延岡市古川町）／力侍《りきし》神社（和歌山県和歌山市川辺）／天石門別《あめのいわとわけ》神社（岡山県美作《みまさか》市滝宮）／天岩戸神社西本宮（宮崎県西臼杵《うすき》郡高千穂町）など

天日鷲神《あめのひわしのかみ》

⇩カミムスビの末裔。国譲り神話に登場

【別称】麻植神《おえのかみ》、忌部神《いんべのかみ》、天日鷲翔矢命《あめのひわしかけるやのみこと》
【神格】織物の神、木綿《ゆう》作りの神

弓矢の創祀神の側面も

アメノヒワシ神は、「造化三神」のカミムスビ神の末裔で、国譲り・国土平定神話に登場する神々の一神である。織物の神のアメノハヅチオ神（84ページ）は、弟神または御子神ともいわれる。

『日本書紀』一書《あるふみ》の国譲りの場面で、アメノヒワシ神は「作木綿者《ゆうづくり》」とあり、『古語拾遺』には、アマテラス大神が天岩戸に隠れたとき、「アメノヒワシ神とツクイミ神（津咋見《つくいみ》神《のかみ》）が穀《かじ》の木（楮《こうぞ》の一種）を植えて白和幣《しろにぎて》（木綿）を作った」とある。

また、『日本書紀』一書の天岩戸の神話にも、アマテラス大神に捧げる玉串を作る場面で「天日鷲が作った木綿《ゆう》」という記述がある。

アメノヒワシ神の子孫は、アメノフトダマ命の孫のアメノトミ命（天富命）に率いられて阿波国《あわ》（徳島県）を開拓し、穀の木や麻を植えて織物を作った。そこからこの神は、阿波忌部《いんべ》氏の祖神とされている。忌部とは、山材貢納、造殿作業、祭具製作などを任務とした部民《べみん》のことで、アメノヒワシ神は麻植神《おえのかみ》とも呼ばれ、のちに紡績業・製紙業の神として崇められるようになった。

祖先である大地母神のカミムスビ神が大地に生命力のたまもの（楮や麻）を与え、子孫のアメノヒワシ神がそれをもとに織物をつかさどる神になったといえるだろう。

アメノヒワシ神の別名にアメノヒワシカケルヤ命（天日鷲翔矢命）があるが、その名から連想されるように、日本の弓矢の創祀《そうし》神とされている。阿波忌部氏が弓の弦に使う良質の強い繊維の麻を殖産したことに由来している。

◎ご利益　商売繁盛、出世開運、殖産興業、縁結び、諸願成就、紡績・製糸業守護など

◎主な神社　鷲《おおとり》神社（東京都台東区千束《せんぞく》）／鷲子山上《とりのこさんしょう》神社（栃木県那須《なす》郡那珂川《なかがわ》町）／安房《あわ》神社（千葉県館山市大神宮）／下立松原《しもたてまつばら》神社（千葉県南房総市白浜町）／和志取《わしとり》神社（愛知県安城市柿碕町）／敷地神社（京都府京都市北区）／大麻山《おおあさやま》神社（島根県浜田市三隅町）／麻御山《おみやま》神社（岡山県岡山市東区）／忌部《いんべ》神社（徳島県徳島市二軒屋町）など

天羽槌雄神《あめのはづちおのかみ》

⇩カミムスビの末裔。織物の神

【別称】建葉槌命《たけはづちのみこと》、天羽槌命《あめのはづちのみこと》、天羽雷命《あめのはづちのみこと》、倭文神《しずのかみ》、倭文神《しとりのかみ》

【神格】織物の神、機織《はたおり》の祖神

アマテラスに織物を献上

アメノハヅチオ神は、「造化三神」の一神で大地母神的な性格を持つカミムスビ神の末裔にあたり、アメノヒワシ神（82ページ）の弟あるいは御子説もある。また、織物の生産にたずさわった氏族である倭文《しとり》氏の祖神とされている神様である。

名前の「アメノハヅチオ（天羽槌雄）」は、天上界の衣服をつかさどる男神の意味で、『古語拾遺』の天岩戸神話には、「天羽槌雄神（倭文の遠祖なり）をして文布《しず》を織らしめ、天棚機姫神《あめたなばたひめのかみ》をして神衣を織らしむ」とある。このときアメノハヅチオ神が織り出したのは、「倭文《しず》（シトリ、シズリ、シドリなどとも読む）の綾織《あやおり》」という布で、これを天岩戸に隠れたアマテラス大神に捧げて気持ちを和らげる功を上げた。

倭文とは、古代の織物の一種の倭文織のことで、楮や麻などを材料として布を織るとき、ヨコ糸を赤や青い色に染めて乱れ織りにしたものである。古代において、美しい織物は、神を祀るときの最高の供え物の一つだった。

なお、『日本書紀』神代下巻の「葦原中国《あしはらのなかつくに》の平定」神話の本文には、「国譲り」を成功させた剣の神のタケミカヅチ命とフツヌシ命の二神は、邪神をはじめ草木、石に至るまでを平定したが、唯一従わなかった星の神のアメノカガセオに対してタケハヅチ命（建葉槌命。アメノハヅチオ神の別称）を派遣して服従させたとある。

タケハヅチの「タケ（建）」は勇猛さを意味し、「ハヅチ（葉槌）」は楮や麻を木槌で叩いて繊維を取り出す作業を表している。このようにアメノハヅチオ（タケハヅチ）神は、職能の神と武神という異なる顔を持っているのが特徴だ。

そもそもこの神を一族の守護神として崇めた倭文氏は、倭文布《しずり》などの織物を生産する部《べ》（集団）で、秦氏《はたうじ》・漢氏《あやうじ》などの帰化人の系統に属する人々だといわれる。もとは大和、河内《かわち》、摂津などを本拠とし、ヤマト王権の全国統一が進められた時期に、支族が各地に移り住んだ。今日、この神を祀る神社が、主に古くからの織物の産地などに分布しているのは、こうした背景による。

◎ご利益　安産、農業開発、医薬普及、織物業守護など

◎主な神社　倭文《しとり》神社（鳥取県東伯《とうはく》郡湯梨浜《ゆりはま》町）／静《しず》神社（茨城県那珂《なか》市静）／倭文《しずり》神社（山梨県韮崎《にらさき》市穂坂町）／倭文《しどり》神社（群馬県伊勢崎市東上之宮町）／服部《はとり》神社（石川県加賀市山代《やましろ》温泉）／倭文《いもん》神社（兵庫県朝来《あさご》市生野町）／倭文《しどり》神社（鳥取県倉吉市志津）など

第三章

イザナギ・イザナミの二人で生んだ子どもたち

自然そのものをつかさどる神々の誕生

伊邪那岐命《いざなぎのみこと》 ＝ 伊邪那美命《いざなみのみこと》

- **蛭子命《ひるこのみこと》**
- 大八洲国《おおやしまぐに》
- 大屋毘古神《おおやびこのかみ》（五十猛命《いそたけるのみこと》）
- 綿津見神《わたつみのかみ》
- 速秋津日子神《はやあきつひこのかみ》 ＝ 速秋津比売神《はやあきつひめのかみ》
  - **天水分神《あめのみくまりのかみ》・国水分神《くにのみくまりのかみ》**

※太字が本章で紹介している神様

～第三章 イサナギ・イザナミの子どもたち～

天《あめの》御《み》柱神《はしらのかみ》・国《くにの》御《み》柱神《はしらのかみ》

久《く》久《く》能《の》智《ち》神《のかみ》

大《おお》山《やま》祇《づみ》神《のかみ》

鹿《か》屋《や》野《の》姫《ひめ》神《のかみ》

鳥《とり》之《の》石《いわ》楠《くす》船《ぶね》神《のかみ》（天《あめの》鳥《とり》船《ふね》神《のかみ》）

保《うけ》食《もち》神《のかみ》

迦《か》具《ぐ》土《つち》神《のかみ》

足《あし》名《な》椎《づち》命《のみこと》

手《て》名《な》椎《づち》命《のみこと》

磐《いわ》長《なが》姫《ひめ》命《のみこと》

木《この》花《はな》開《さく》耶《や》姫《ひめ》命《のみこと》

稲《いな》田《だ》姫《ひめ》命《のみこと》

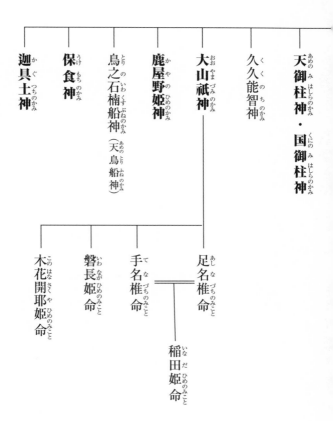

自然そのものをつかさどる神々の誕生

「神世七代《かみよななよ》」の最後に、夫婦神として出現したイザナギ命《のみこと》とイザナミ命の二神の使命は、「国生み」と「神生み」である。

ところが、その大事業がなかなかスムーズに運ばない。いきなり結婚の契《ちぎ》りに失敗したり、イザナミ命の死（黄泉津大神《よもつおおかみ》となる）をきっかけに二人が決別（離婚）したり、といったさまざまなアクシデントに見舞われる。それらを乗り越えて、イザナギ命とイザナミ命は、自然環境や衣食住などの生活文化の源流の神々を次々と生み出した。

この二神が神々を生む場面を神話のストーリーに沿って大別すると、①国生み、②神生み、③火の神カグツチの誕生とイザナミ命の死、イザナギ命のカグツチ殺し、④黄泉《よみ》の国、⑤イザナギ命の禊《みそぎ》、というふうに分けられる。

このなかで、①、②は二神の夫婦としての協働作業として行われるが、③の「火の神誕生」以後は、二神それぞれの個別の活動によって多くの神を生むことになる。すなわち、二神が、それぞれの体や持ち物を物実《ものざね》（物事が生じる素材）として、個別に神々を化生《かせい》させるのである。

物実による神の誕生例では、のちにアマテラス大神《おおみかみ》とスサノオ尊《のみこと》の誓約《うけい》（神の意志を問い、誓いを立てること）のときに、それぞれの持ち物である玉と剣から子どもたちが生まれる話が有名だ。

イザナギ・イザナミの二神によって生まれた子どもたちは数が多く、系図的にも全部まとめて表示すると煩雑になる。そこでなるべくわかりやすくするために、この章では「イザナギ・イザナミ二神の子ども」、第四章では「イザナギとイザナミがそれぞれに生んだ子」と、二つのグループに分けることにした。

ということで、本章で紹介する神々は、右の①と②にあたる、二神の協働作業によって生まれた子どもたちである。神話では、家屋・住居関係（石、土、砂、屋根など）の神につづいて生み出された、海（海原）、港（河口）、風、木、山、草など自然そのものをつかさどる神々だ。なかでも山をつかさどるオオヤマヅミ神は、いろんな神話に登場することになる。

これらの神々の誕生によって、それまでモノクロームだった世界は、さまざまな色彩に満ちた世界へと変貌し、豊かな自然環境の基盤が形成されるのである。

蛭子命《ひるこのみこと》

⇩イザナギ・イザナミの最初の子

【別称】水蛭子《ひるこ》、恵比寿《えびす》、恵比須《えびす》、戎《えびす》、夷《えびす》、蛭児《えびす》大神、えびす神
【神格】海の神、漁業・商業・市場・農業の神

生きたまま海に流される

ヒルコ命は、イザナギ命とイザナミ命が結婚して契りを行ったときに、最初に生まれた子どもである。国生みよりも以前に生んだことから、二神の初子《ういご》・長子ともいわれる。

この神の誕生に関して『日本書紀』には、「三年たっても脚が立たない」とあるように、手足が萎えた体の不自由な子だったため、『古事記』では「葦船《あしふね》」、『日本書紀』では「天磐樟船《あまのいわくすぶね》」に乗せて海に流し、捨てられたとある。

ふつうなら長子であるこの神様の子や孫が活躍する系図ができあがるところだったが、非情な処置によって子孫ができる可能性は断たれてしまった。

ただし、ヒルコとは「日子」、すなわち男性の太陽神を意味するという説があり、太陽神を船に乗せて海に流すという神話は世界的に見られる。実際に、ヒルコ命の乗った天磐楠船は別名を天鳥船《あめのとりふね》といい、神話では天上から降る神の乗る船として登場する。

その流れで考えれば、ヒルコ命は天磐楠船で風まかせに大海原を漂って常世の国に赴き、のちに地上に降って海の神として再生することになる。

福神のえびす神として復活

海に流されたヒルコ命のその後は、『古事記』には一切語られていないが、ヒルコ命は、のちに福神のえびす神（七福神〈246ページ〉の恵比寿神）として信仰されていることは、今日よく知られているところである。

その数奇な運命を物語るのが、恵比寿信仰の総本社・西宮《にしのみや》神社のヒルコ命の漂着伝説である。それによると、海に流されたヒルコ命は、海上を漂ったのち摂津《せっつ》国西の浦（現在の兵庫県西宮）の海岸に漂着したという。

土地の人々は、拾ったヒルコ命を大事に養い育てて夷三郎《えびすさぶろう》殿と呼び、そののち夷三郎大明神、戎大神《えびすのおおかみ》として祀った。こうしてヒルコ命は、えびす神へとイメージチェンジし、豊

漁や航海安全、交易（市場）守護の神として霊験《れいげん》を発揮するようになった。

島国の日本では、古来、海上から陸地に寄り着く神を「えびす」と呼び、その来訪神を豊かさと幸福をもたらす尊い神霊として祀った。

ヒルコ命は、そうした民俗的なえびす信仰と結びついて、はじめは海の神として信仰され、のちに市場の神として霊威を発揮するようになり、やがて農業守護にも拡大。今日では農・漁・商・工業などあらゆる産業繁栄の守護神とされている。

なお、恵比寿神は「七福神」の中では、唯一の日本出身の神様である。

◎ご利益　商売繁盛、開運招福、金運、勝負運、豊漁、航海安全、縁結びなど
◎主な神社　西宮神社（兵庫県西宮市社家《しゃけ》町）／西宮神社（栃木県足利《あしかが》市西宮町）／桐生西宮神社（群馬県桐生市宮本町）／蛭子《ひるこ》神社（神奈川県鎌倉市小町）／須部《すべ》神社（福井県三方上中《みかたかみなか》郡若狭町）／胡子《えびす》神社（広島県広島市中区）／蛭子《えびす》神社（徳島県徳島市南沖洲）／蛭児《ひるこ》神社（鹿児島県霧島市隼人町）／その他全国の西宮・恵比寿・戎《えびす》・夷《えびす》・蛭子神社など

⇩イザナギの息から生まれた風の神

天《あめの》御《み》柱《はしら》神《のかみ》・国《くにの》御《み》柱《はしら》神《のかみ》

【別称】志那都比古神《しなつひこのかみ》・志那都比売神《しなつひめのかみ》、級長津彦神《しなつひこのかみ》・級長津姫神《しなつひめのかみ》
【神格】風の神

「風は神の息」と考えた古代人

『古事記』では、イザナギ命・イザナミ命の二神が家屋・住居関係に関する神々、海神、河口・港の神の次に生んだのが、風の神のアメノミハシラ神・クニノミハシラ神である。

別称に「比古《ひこ》」「比売《ひめ》」とあるように、男女一対の神格を表していることから、本居宣長は『古事記伝』で、二神は本来、男女の風神だったと解釈している。

別名の「志那《しな》（級長《しな》）」は息が長いという意味で、『日本書紀』一書《あるふみ》には、イザナギ命・イザナミ命が大八洲国《おおやしまぐに》（淡路、四国、隠岐《おき》、九州、壱岐《いき》、対馬《つしま》、佐渡、本州の八つの島）を生んだあと、イザナギ命が生まれたばかりの国にかかっていた朝霧を吹き払ったときに、その長い息から生まれた風の神とある。古代人は、風は神の息で起こると考えていたこと

からつけられた名前だ。

それはイザナギ命という親神の息から起こる風が、まだ初《うぶ》な状態の大八洲国の大地に生命力のエネルギーを付与することを表している。そのことは、この神につづいて誕生する弟神である木の神のククノチ神、さらにその後につづく山の神、野の神の誕生によって示されている。

風は稲作農耕には欠かせないものだが、一方では、しばしば脅威となる悪風（暴風、冷風）、魔風として人々を怖れさせた。そのため、日本人は古くから風の暴威を鎮めるために風の神を大事に祀ったのである。

◎ご利益　風雨調和、五穀豊穣、豊漁、海上安全、航空安全、悪疫退散、招福など
◎主な神社　龍田《たつた》大社（奈良県生駒郡三郷《さんごう》町）／神威《かむい》神社（北海道積丹《しゃこたん》郡積丹町）／小《お》物忌《ものいみ》神社（山形県酒田市山楯《やまだて》）／長彦《ながひこ》神社（岐阜県大垣市上石津町）／志那神社（滋賀県草津市志那町）／伊勢神宮内宮・風日祈宮《かざひのみのみや》（三重県伊勢市宇治館町）／伊勢神宮外宮《げくう》・風宮《かぜのみや》（三重県伊勢市豊川町）／綾部八幡神社（佐賀県三養基《みやき》郡みやき町）／風宮《かざみや》神社（熊本県阿蘇市一の宮町）など

大山祇神《おおやまづみのかみ》

⇩すべての山を主宰する神

【別称】大山津見神《おおやまつみのかみ》、大山積神《おおやまづみのかみ》、和多志《わたし》大神《のおおかみ》、酒解神《さけとけのかみ》
【神格】山の神、海の神、酒の神、軍神

孫が皇室の祖となる

イザナギ命・イザナミ命の二神は、すべての山の神を支配する存在としてオオヤマヅミ神を生んだ。日本は山国であり、古くから各地に多くの山の神々がいたが、オオヤマヅミ神が日本の山の神の頂点に立つ。その名の通り、大山に住む偉大な神、すなわちすべての山を主宰する神である。

オオヤマヅミ神の系譜は、日本神話のなかでもとりわけ賑やかで、華やかな雰囲気を漂わせているが、それは、この神の娘と孫娘の存在によっている。

二人の娘のうちの姉は岩の神のイワナガヒメ命（磐長姫命。199ページ）、妹はニニギ命の妻となる木の花の神のコノハナサクヤヒメ命（木花開耶姫命。196ページ）であ

る。

とくにコノハナサクヤヒメ命は、ニニギ命との間に神武天皇の祖父となるヒコホホデミ命（201ページ）をもうけた。これによってオオヤマヅミ神の血筋が、アマテラス大神にはじまる皇祖神の系統、すなわち天孫ニニギに始まる皇室の祖神の系譜に連なったのだ。

さらに孫娘は、八岐大蛇《やまたのおろち》退治の神話のヒロインでスサノオ尊の妻となるイナダヒメ命（222ページ）である。この女神もスサノオ尊との間に多くの子をもうけるが、なかでも有名なのが神話世界のスーパースター、オオクニヌシ命（238ページ）である。

山と海の両方を支配

オオヤマヅミ神の別名にワタシ大神《のおおかみ》（和多志大神）があるが、「ワタ（和多）」は海神《わたつみ》の海《わた》で、「シ（志）」はつかさどることを表し、海を支配する偉大な神の意である。つまり、この神は山だけでなく、山と海の両方の総元締め的存在なのだ。

また、『日本書紀』一書《あるふみ》に、オオヤマヅミ神の娘のコノハナサクヤヒメ命がヒコホホデミ命を生んだことを祝って、よく実った米の酒を造って天地の神々にふるまったとある。その故事から酒解神《さけとけのかみ》の別名がある。娘のコノハナサクヤヒメ命も酒解子神《さけとけのこのかみ》と呼ばれ、親

子ともに酒造業の守護神となっている。山の神は豊作の神であり、その穀物から造られる酒の精霊は、山の神の分身なのである。

◎ご利益　諸産業守護、農林漁・商業・鉱業守護、勝負事成就、試験合格など

◎主な神社　大山祇神社（愛媛県今治市大三島町宮浦）／岩木山《いわきやま》神社（青森県弘前市百沢）／出羽三山・湯殿山《ゆどのさん》神社（山形県鶴岡市田麦俣）／大山阿夫利《あふり》神社（神奈川県伊勢原市大山）／入登山《にゅうとうざん》神社（長野県下伊那郡下條村）／三嶋大社（静岡県三島市大宮町）／梅宮大社（京都府京都市右京区）／津峯《つのみね》神社（徳島県阿南市津乃峰町）／その他全国の三島神社、大山祇神社など

鹿屋野姫神《かやのひめのかみ》

⇩生命力あふれる草や野の精霊

【別称】鹿屋野比売神《かやのひめのかみ》、草祖草野姫《くさのおやかやのひめ》、野椎神《のづちのかみ》、野槌《のづち》

【神格】野の神、屋根の神、漬物の神、繁殖力（生命力）の神

野の緑の生命力の象徴

カヤノヒメ神は、イザナギ命・イザナミ命の二神の娘で、山の神オオヤマヅミ神の次に生まれた野の神である。兄神のオオヤマヅミ神と結婚して、山野の自然環境に関係する子どもたちを生んだ。

山野の土をつかさどる神のアメノサヅチ神（天之狭土神）、山野にかかる霧をつかさどるアメノサギリ神（天之狭霧神）、谷や窪地をつかさどるアメノクラト神（天之闇戸神）、山の傾斜面をつかさどるオオトマトイコ神（大戸惑子神）など男女四組八柱の神々である。

つまり、山野の地形や風景を形づくる神様が、山の神と野の神から生まれたのだ。

カヤノヒメ神は、野の緑のすべてを支配することから、食卓にあがる野菜から草花、雑草にいたるまで、その霊力が及んでいる。名前のカヤは、野に茂る茅《かや》（萱）のことで、茅は屋根を葺《ふ》くのに用いられたことから、屋根の神ともされる。

別名に草祖草野姫《くさのおやかやのひめ》とあるように、『日本書紀』では、この神様は草や野の精霊の神格化であり、野に満ちる草の繁殖力（生命力）を象徴している。また、『古事記』にある別名の野椎《のづち》は野津持《のつもち》（野ツ霊《ち》）の意味で、やはり野の支配者であることを表している。

昔からカヤには強い生命力が認められてきた。カヤの霊力に対する信仰は、「夏越《なごし》の大祓《おおはらえ》」の茅の輪《ちわ》くぐりの神事や、稲の無事な生育を願う農業行事の「青祈祷《あおぎとう》」や「新箸《にいばし》」などの呪物《じゅぶつ》に見ることができる。また、カヤノヒメ神は漬物の神、タバコの神としても信仰されている。

◎ご利益　漬物業・タバコ栽培・家屋守護、諸病退散、万病快癒、縁結びなど

◎主な神社　萱津《かやつ》神社（愛知県あま市上萱津車屋）／たばこ神社（岩手県一関市千厩《せんまや》町）／煙草神社（福島県田村市船引町）／たばこ神社（栃木県芳賀《はが》郡茂木《もてぎ》町）／加波山《かばやま》神社摂社たばこ神社（茨城県石岡市大塚）／額《ぬか》神社（石川県かほく市高松）／今社《いまのやしろ》（三重

県伊勢市宮町）／日前《ひのくま》神宮・国懸《くにかかす》神宮末社深草《ふかくさ》神社（和歌山県和歌山市秋月）／鹿江比《かえひ》売《め》神社（徳島県板野郡上板町）など

保食神《うけもちのかみ》

⇩体から牛馬や五穀を生んだ食物神

【別称】大宜都比売神《おおげつひめのかみ》、受持神《うけもちのかみ》、受食持命《うけもちのみこと》
【神格】食物神、農業神、養蚕《ようさん》神、畜産の神、豆腐屋の神

稲荷神とは兄弟同士

イザナギ命・イザナミ命の二神の子で、山の神オオヤマヅミ神、野の神カヤノヒメ神、船の神トリノイワクスブネ神（鳥之石楠船神《とりのいわくすぶねのかみ》）につづいて生まれた、食物全般をつかさどる女神である。

兄神にあたるトリノイワクスブネ神は、またの名をアメノトリフネ神（天鳥船神《あめのとりふねのかみ》）といい、運輸交通をつかさどる船の神である。この神は、神々の乗る船の神格化で、神話では天から地へ神を運ぶ役目としてしばしば登場している。

ウケモチ神は『日本書紀』に出てくる名前で、『古事記』ではオオゲツヒメ神（大《おお》宜都比売神《げつひめのかみ》）の名で出てくる。ウケモチ神の名前の「ウケ」とオオゲツヒメ神の「ゲツ

＝ケツ」は、いずれも「食《け》」、つまり食物の意味で、その共通点から二神は食物をつかさどる同神と考えられているのだ。神社の祭神名では、どちらかといえばウケモチ神の名が一般的なようである。

また、神社では、稲の神である稲荷神《いなり》＝ウカノミタマ神（宇迦之御魂神。233ページ）と同神とされて祀られていることが多い。

ただし、『日本書紀』一書《あるふみ》に、イザナギ命とイザナミ命が大八洲国を生んだあと、飢えを感じ気力を失くしたときにウカノミタマ神を生んだとあるので、これに従えば、ウケモチ神とウカノミタマ神は兄弟ということになる。

日本の食文化のルーツ

ウケモチ神は、『日本書紀』一書第十一の五穀《ごこく》起源神話に登場する。

アマテラス大神に命じられてツキヨミ命が訪ねて来たとき、喜んだウケモチ神は、自分の口から、大地に向かってご飯を、海に向かって大小の魚を、山に向かって獣類を吐き出し、それらを食卓に盛ってもてなした。

それを見たツキヨミ命は、「口から出した汚いものを食わせるのか」と激怒し、ウケモ

チ神を斬り殺してしまった。そのいきさつをツキヨミ命が高天原に帰ってアマテラス大神に報告すると、大神は怒ってツキヨミ命と永久に決別することを宣告した。

そのあと、大神が天熊人《あめのくまひと》に様子を見に行かせると、ウケモチ神の死体の頭頂から牛馬、額《ひたい》から粟《あわ》、眉から蚕《かいこ》、目から稗《ひえ》、腹から稲、陰部から麦と大豆・小豆が生じていた。それを持ち帰って大神に献上すると、大神は大いに喜んで、「人々が生きるために必要な食物だ」といって、田や畑の作物や養蚕の種にしたという。

ウケモチ神には、新鮮な食物を「料理」するという役割も含まれている。その意味では、バラエティ豊かな日本の食文化のルーツといえるだろう。

◎ご利益　五穀豊穣、商売繁盛、養蚕振興、子宝・安産、開運招福、厄除けなど

◎主な神社　竹駒《たけこま》神社（宮城県岩沼市稲荷町）／岩内《いわない》神社（北海道岩内郡岩内町）／猿賀《さるが》神社（青森県平川市猿賀石林）／金峰《きんぽう》神社（秋田県仙北市田沢湖梅沢）／箭弓《やきゅう》稲荷神社（埼玉県東松山市箭弓町）／花園神社（東京都新宿区新宿）／建穂《たきょう》神社（静岡県静岡市葵《あおい》区）／太川神社（大阪府八尾市南太子堂）／金立《きんりゅう》神社上宮《じょうぐう》（佐賀県佐賀市金立町）／亀山八幡宮（長崎県佐世保市八幡町）など

⇩母を死に至らしめた火の神

迦具土神《かぐつちのかみ》

【別称】火之夜芸速男神《ひのやぎはやおのかみ》、火之迦具土神《ひのかぐつちのかみ》、軻遇突智神《かぐつちのかみ》、火霊命《ほむすびのみこと》、火結命《ほむすびのみこと》
【神格】火の神、防火の神、鍛冶の神、火難の神

「神生み」の最後に誕生

カグツチ神は、イザナギ命・イザナミ命の神生みの最後に生まれた火の神である。

この神の名は、『古事記』ではヒノヤギハヤオ神（火之夜芸速男神）、ヒノカグツチ神（火之迦具土神）とあり、『日本書紀』一書《あるふみ》にはカグツチ神（軻遇突智神）、ホムスビ命（火霊命）、また「祝詞」にはホムスビ命（火結命）と書かれている。神名の「カグ」は、火の光がちらちら輝くことを意味し、「ツ」は所属（〜の）を示す助詞、「チ」は霊であり、総じて火の燃える様子を表している。

火の神カグツチ誕生のシーンはなかなか衝撃的である。生まれてくるとき、母神イザナ

ミ命の陰部を火傷《やけど》させ、それが原因で死なせてしまい、イザナミ命は黄泉の国に渡ることになる。

火の神を生んで、イザナミ命が病《や》み苦しんで吐いたものから鉱山の神（農耕の生産力を高めた金属文化＝鉄製農耕具の神格化）のカナヤマヒコ神・カナヤマヒメ神、漏らした糞《くそ》から土（粘土）の神のハニヤスヒコ神・ハニヤスヒメ神、尿《ゆまり》から水の神のミズハノメ神、つづいて五穀の神のワクムスビ神が生まれたとある。さらに、このワクムスビ神から生まれたのがトヨウケヒメ神（豊宇気毘売神＝豊受大神《とようけのおおかみ》）であると書かれている（以上の神々については第四章を参照）。

これらの子どもたちは、系譜ではカグツチ神の弟妹にあたる。いずれも農業生産と深く関係する神様であり、その母であるイザナミ命は、国土に自然の恵みをもたらす大地母神ということができるだろう。

カグツチ神には母殺しのダークなイメージがつきまとうが、見方を変えれば、農産物の豊穣に関わる重要な神々がイザナミ命の胎内から生まれ出るきっかけを作ったという点で、とても重要なポストにいる神様なのである。

◎ご利益　防火・防災、火難・水難除け、鍛冶・金属精錬業・陶器業守護など

◎主な神社　愛宕《あたご》神社若宮社（京都府京都市右京区）／唐松《からまつ》神社（秋田県仙北市境）／愛宕神社（茨城県笠間市泉）／秋葉山本宮秋葉《あきはさん》神社（静岡県浜松市天竜区）／伊豆山《いずさん》神社（静岡県熱海市伊豆山）／愛宕神社・陶器神社・秋葉神社（滋賀県甲賀市信楽町）／愛宕神社（京都府亀岡市千歳町）／神谷《かんだに》神社（香川県坂出市神谷町）／火男火売《ほのおほのめ》神社下宮（大分県別府市火売《ほのめ》）／その他全国の愛宕神社、秋葉神社、陶器神社、火産霊《ほむすび》神社など

⇩イザナギ・イザナミの孫の水神

天水分神《あめのみくまりのかみ》・国水分神《くにのみくまりのかみ》

【別称】水分神《みくまりのかみ》、水別神《みずわけのかみ》、武水分神《たけみずあけのかみ》、御子守明神《みこもりみょうじん》

【神格】分水嶺《ぶんすいれい》の神、豊作の神、子宝の神、安産の神、子守の神

兄妹で夫婦でもある男女神

本章でこれまで取り上げた七神はすべてイザナギ・イザナミの子どもたちだが、このアメノミクマリ神（男性）とクニノミクマリ神（女性）だけが孫にあたる。イザナギ・イザナミの子のハヤアキツヒコ神とハヤアキツヒメ神の間に生まれた農業・治水の神で、兄妹であり夫婦でもあった。

この二神のほかにも、アワナギ神（沫那芸神）、ツラナギ神（頬那芸神）、アメノクイザモチ神（天之久比奢母智神）などの兄弟がいるが、ともに河口や港をつかさどる父神・母神の血を受け継いで、港の安全と農業用水をつかさどる神という役割を持っている。

この二神の名前に共通する「ミクマリ（水分）」は、文字通り「水を分ける・配る」という意味で、すなわち水分神とは、山上の水源に宿る神、分水嶺をつかさどる神である。「アメノ（天）」と「クニノ（国）」については、天地を対応させたもので、空から降る雨と山を源流とする川を意味すると考えられる。

なお平安時代の法例集『延喜式《えんぎしき》』には、水分神社の名が各地にみえる。その多くは朝廷が毎年の豊作祈願（種蒔きの時期の祈念祭と、稲の生育する陰暦六月の月次祭《つきなみさい》）をする場所だった。

◎ご利益　天候祈願（雨乞い）、五穀豊穣、子宝・安産、病気平癒など

◎主な神社　吉野水分《よしのみくまり》神社（奈良県吉野郡吉野町）／武水別《たけみずわけ》神社（長野市千曲《ちくま》市八幡）／荒城《あらき》神社（岐阜県高山市国府町）／大水別《おおみずわけ》神社（滋賀県長浜市余呉《よご》町）／元伊勢籠《この》神社（京都府宮津市大垣）／建水分《たけみくまり》神社（大阪府南河内郡千早赤坂村）／都祁水分《つげみくまり》神社（奈良県奈良市都祁友田町）／宇太水分《うだのみくまり》神社（奈良県宇陀市菟田野古市場《うたのふるいちば》）／宇佐神宮末社水分神社（大分県宇佐市南宇佐）など

第四章

イザナミが生んだ子、イザナギが生んだ子

イザナミの死とイザナギの禊《みそぎ》が多くの神々を生む

生んだ子〜

※太字が本章で紹介している神様

イザナミの火の神出産と黄泉の国

伊《い》邪《ざ》那《な》美命《みのみこと》

金《かな》山《やま》彦《ひこ》神《のかみ》 ＝ **金《かな》山《やま》姫《ひめ》神《のかみ》**

　金《かな》屋《や》子《ご》神《のかみ》（天《あめ》目《のま》一《ひと》箇《つ》命《のみこと》と同神説）

波《は》邇《に》夜《や》須《す》毘《ひ》古《こ》神《のかみ》・波《は》邇《に》夜《や》須《す》毘《ひ》売《め》神《のかみ》

罔《みず》象《は》女《の》神《めのかみ》

稚《わく》産《むす》霊《び》神《のかみ》――**豊《とよ》受《うけの》大《おお》神《かみ》**

火《ほの》雷《いかづち》神《のかみ》（八《やくさの》雷《いかづち》神《のかみ》）

菊《くく》理《り》媛《ひめ》神《のかみ》（イザナギ・イザナミ二神の諍《いさか》いを調停）

＊黄泉の国神話に登場

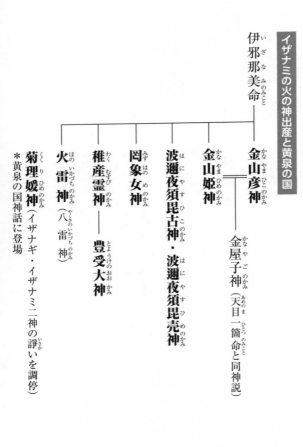

イザナギの火の神殺害

伊邪那岐命《いざなぎのみこと》

- 武甕槌命《たけみかづちのみこと》
- 経津主命《ふつぬしのみこと》
- 高龗神《たかおかみのかみ》

イザナギの禊《みそぎ》

- 八十禍津日神《やそまがつひのかみ》・大禍津日神《おおまがつひのかみ》
- 綿津見神《わたつみのかみ》（綿津見三神《わたつみさんじん》）
- 住吉三神《すみよしさんじん》
- 天照大神《あまてらすおおみかみ》
- 月読命《つきよみのみこと》
- 素戔嗚尊《すさのおのみこと》
- 塩土老翁神《しおつちおじのかみ》

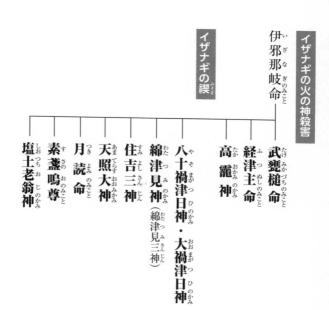

イザナミの死とイザナギの禊《みそぎ》が多くの神々を生む

イザナギ命《のみこと》とイザナミ命は、二人で協働して行った「国生み」や「神生み」によって多くの子どもたちを生んだあと、次にそれぞれの個別の活動によってさらに多くの神々を生み出した。

本章では、これらのイザナギが生んだ子、イザナミが生んだ子を紹介する。神話のストーリーでいえば、①イザナギ命の火の神カグツチ殺し、②黄泉《よみ》の国、③イザナギ命の禊、というエピソードの中で誕生する神々だ。その多くがアマテラス大神《おおみかみ》やスサノオ尊《のみこと》の兄・姉にあたり、人気、実力ともトップクラスの神様たちである。

自然や文化的な神である子どもたちを無事に生み終えたイザナミ命は、カグツチ誕生のあと、死の間際に、鉱山の神、粘土の神、水の神などの子どもたちを生んだ。

そのあと、死んで黄泉の国に渡ったイザナミ命は、黄泉津大神《よもつおおかみ》（死者の国の支配者）となる。

妻の死を悲しんだ夫のイザナギ命は、激怒して火の神を斬り殺してしまう。すると、火の神の死体や噴き出した鮮血から、岩石、火、雷などに関係するさまざまな子どもたちが誕生

した。

さらに、愛する妻を追って黄泉の国を訪れたイザナギ命は、すでに黄泉津大神となってしまったイザナミ命と決別してこの世に戻り、日向《ひゅうが》（宮崎県）の橘《たちばな》の小戸《おど》の阿波岐原《あわきはら》の海に入って、死の世界の穢《けが》れを洗い流すための禊をした。

このエピソードは、日本神話のハイライトシーンの一つだが、このときに行われたイザナギ命の禊は、神道においてもっとも大事にされている「禊祓《みそぎはらえ》」儀礼のルーツとされている。神社の神職がつかさどる祭祀儀礼において、本番の神事の前には必ず禊祓が行われる。禊祓は、清浄を好み不浄を嫌う神様と交信する（祈念する）際の基本的なマナーといえるものだ。

私たちが神社にお参りする際に行う「左手→右手→口→左手」の順番で洗い清める手水舎《てみずや》の作法は、禊の儀礼を簡略化したものである。そのときに、遥か昔のイザナギ命の姿を重ねてみるのも一興かもしれない。

⇩イザナミの子。単独で生んだ最初の神

金山彦神《かなやまひこのかみ》・金山姫神《かなやまひめのかみ》

【別称】金山毘古神《かなやまひこのかみ》・金山毘女神《かなやまひめのかみ》
【神格】鉱山の神、鉱物の神、鍛冶《かじ》の神

イザナミの嘔吐物から誕生

カナヤマヒコ神・カナヤマヒメ神は、イザナミ命が火の神カグツチを生み、陰部を火傷して病《や》み苦しんだときに、その嘔吐物から生まれた神である。

基本的な性格は鉱山の神であり、嘔吐物は、製錬の際にドロドロに溶かされた鉱物の形状から連想されたものである。また、この二神は兄妹とも夫婦神ともいわれるが、どちらかは定かではない。

ただ、古来、中国地方を中心に、鍛冶の神・製鉄の神としてタタラ（踏鞴《たたら》。古来の砂鉄精錬炉）に祀られる金屋子神《かなやごかみ》（神話に登場しない）は二神の娘とされているので、一般には夫婦神と考えられていたようだ。金屋子神は、代表的な鍛冶の神であるアメノマヒトツ

命（天目一箇命。179ページ）と同神ともいわれる。

後述するように、『古事記』では、カナヤマヒコ神・カナヤマヒメ神に続いて、イザナミ命の糞から土（粘土）の神のハニヤスヒコ神・ハニヤスヒメ神（118ページ）、尿《ゆまり》から水の神のミズハノメ神（121ページ）が生まれた。つまり、カナヤマヒコ神・カナヤマヒメ神とこの弟妹たちを合わせたイザナミ命の子どもたちは、火の神の性格を色濃く反映している。いずれも、「鉱山（砂鉄）—水（選別）—粘土（溶鉱炉）」という古代のタタラ製鉄の重要な要素から連想された神々なのである。

◎ご利益　包丁の神、鉱山・鍛冶・鋳物業守護、金運隆昌《りゅうしょう》、災難除けなど

◎主な神社　南宮大社《なんぐうたいしゃ》（岐阜県不破郡垂井《たるい》町）／金華山黄金山《きんかさんこがねやま》神社（宮城県石巻市鮎川浜金華山）／黄金山神社（宮城県遠田《とおだ》郡脇谷《わくや》町）／金山《かなやま》神社（新潟県三条市八幡町）／川口神社（埼玉県川口市金山町）／敢國《あえくに》神社（三重県伊賀市一之宮）／金峯《きんぷ》神社（奈良県吉野郡吉野町）／金屋子《かなやご》神社（島根県安来《やすぎ》市広瀬町）／その他全国の金山神社、金山彦神社、南宮神社など

⇩イザナミの子。糞から生まれた土の神

波邇夜須毘古神《はにやすひこのかみ》・波邇夜須毘売神《はにやすひめのかみ》

【別称】埴安彦命《はにやすひこのみこと》・埴安姫命《はにやすひめのみこと》、埴安神《はにやすのかみ》、埴山姫神《はにやまひめのかみ》
【神格】土の神、粘土の神、陶器の神

肥沃な田畑の支配者

イザナミの嘔吐物から生まれたカナヤマヒコ神・カナヤマヒメ神の次に、その弟妹として、イザナミの漏らした糞から生まれたのがハニヤスヒコ神とハニヤスヒメ神である。この二神を総称してハニヤス神、ハニヤマヒメ神とも呼ばれる。

『日本書紀』では、母神イザナミが火の神カグツチを生んだ後、ハニヤマヒメ神（＝ハニヤス神）と次の項で紹介する水の神のミズハノメ神（121ページ）の二人の娘を生んだとある。

名前の「ハニ」は埴輪《はにわ》の埴で、赤土の粘土を意味し、古代には重要な祭祀用の器の原料とされたことから土の神、陶器の神とされる。また、この二神の物実《ものざね》の糞は農業の有機肥料を連想させ、肥沃な田畑の土の神としての性格が浮かび上がる。

『延喜式《えんぎしき》』に記載されている鎮火祭《ひしずめのまつり》の祝詞《のりと》には、イザナミ命が火の神の脅威を鎮めるために水の神と土の神を生んだとあるように、ハニヤスヒコ神・ハニヤスヒメ神には鎮火の霊力も備わっている。

また、『日本書紀』では、ハニヤマヒメ神がカグツチ神と結婚して生まれたのが食物神のワクムスビ神（123ページ）で、この食物神から蚕と桑、五穀が生じたと書かれている。

この話は、記紀神話にある三つの「五穀起源神話」の一つで、あとの二つは『古事記』のオオゲツヒメ神、『日本書紀』のウケモチ神（103ページ）という食物神が登場する物語である。

◎ご利益　陶磁器業守護、殖産興業、火難除け、縁結び、子宝・安産など

◎主な神社　榛名《はるな》神社（群馬県高崎市榛名山町）／磐椅《いわはし》神社（福島県耶麻《やま》郡猪苗代《いなわしろ》町）／

大井神社（静岡県島田市大井町）／灰寶《はいほう》神社（愛知県豊田市越戸《こしど》町）／波爾布《はにふ》神社（滋賀県高島市新旭町）／愛宕神社（京都府京都市右京区）／下鴨神社境外摂社賀茂波爾《かもはに》神社（京都府京都市左京区）／迩幣姫《にべひめ》神社（島根県大田市長久町）／埴山姫神社（徳島県美馬《みま》市脇町）など

罔象女神《みずはのめのかみ》

⇩イザナミの娘。尿から生まれた水の精霊

【別称】水波能女神《みずはのめのかみ》、弥都波能売神《みずはのめのかみ》
【神格】水の神、水道・井戸の神、紙漉《かみす》きの神、肥料の神

大地の女神の血統

ミズハノメ神は、清らかで美しい水の女神である。『古事記』には、イザナミ命が火の神カグツチを生むときに陰部を焼かれ、病み苦しんで漏《も》らした尿から生まれたとある。

神名の「ミズハ」は、「水が走る」「水が這《は》う」という意味があり、蛇のように身をくねらせて流れ下る川からイメージされたものだろう。また、「ミズハ」＝「水早《みつは》」とも解釈され、こんこんと清水が湧く井戸や泉の意味もある。

ミズハノメ神と、先に生まれた兄姉のハニヤスヒコ神とハニヤスヒメ神は、イザナミ命の糞尿（＝有機肥料）から生まれたことから肥料の神と考えられ、それゆえに農業と深く関係する神様である。この神の後に生まれる食物神のワクムスビ神とその娘のトヨウケ大

神も含めて、大地母神であるイザナミ命の血を引く子どもたちなのである。
また、ミズハノメ神は、紙漉《かみす》きの守護神としても信仰されている。越前和紙の産地である福井県越前市の岡太《おかもと》神社には、昔、この地に美しい乙女の姿をした水の神が現れて紙漉きの技法を教えた、という社伝が遺っている。

◎ご利益　祈雨・止雨、治水、製紙業守護、商売繁盛、子宝・安産、火難・水難除けなど

◎主な神社　丹生《にう》川上《かわかみ》神社中社（奈良県吉野郡東吉野村）／蛟蝄《こうもう》神社（茨城県北相馬郡利根町）／雨宮坐《あめみやにます》日吉《ひよし》神社（長野県更埴《こうしょく》市雨宮）／大国魂《おおくにたま》神社末社水神社（東京都府中市宮町）／水宮《みずみや》神社（山梨県南アルプス市有野）／大井神社（静岡県島田市大井）／建《たけ》水分《みくまり》神社（大阪府南河内郡千早赤阪村）／大瀧神社摂社岡太神社（福井県越前市大滝町）／朝田神社（山口県山口市矢原）／唐津神社（佐賀県唐津市南城内）／その他各地の水神社など

稚産霊神《わくむすびのかみ》

⇩イザナミの息子。尿から生まれた穀霊

【別称】和久産巣日神《わくむすびのかみ》
【神格】五穀の神、養蚕の神、食物神

体に蚕と桑、五穀が発生

『古事記』では、ワクムスビ神は、イザナミ命がカグツチ神を生んで陰部を火傷し、病み苦しみながら漏らした尿から、ミズハノメ神につづいて生まれた御子神で、作物の生育エネルギーを象徴する五穀の神である。

名前の「ムスビ（産霊）」は、生成力を意味し、大地に蒔《ま》かれた若々しい五穀の種が、夏に立派に成育し、秋になって豊かに実ることを象徴している。

『日本書紀』一書《あるふみ》では、イザナミ命を火傷させたカグツチ神が、その後、土の神ハニヤマヒメ神を妻として生んだ子がワクムスビ神で、その頭頂に蚕と桑、臍《へそ》の中に五穀が発生したとある。同じ食物神であるオオゲツヒメ命やウケモチ命（１０３ページ）と同様に、こ

の神もまた自分の体から五穀を発生させるタイプの神様だ。

ワクムスビ神の娘は、伊勢神宮外宮《げくう》の豊受《とようけ》大神宮に鎮座するトヨウケ大神である（127ページ）。トヨウケ大神は日本を代表する食物神で、その母神という系譜からすれば、ワクムスビ神は基本的に穀霊《こくれい》の性格を持っていることがわかる。トヨウケ大神にいたる血脈は、ワクムスビ神の母イザナミ命の大地母神という性格を受け継いでいる。

◎ご利益　農業守護、産業開発、開運招福、災難除け、家運隆昌など

◎主な神社　安積国造《あさかくにつこ》神社（福島県郡山市清水台）／竹駒《たけこま》神社（宮城県岩沼市稲荷町）／飯野山神社（宮城県石巻市飯野）／蚕影《こかげ》神社（茨城県つくば市神郡）／蚕養《こかい》神社（茨城県日立市川尻町）／蚕霊《さんれい》神社（茨城県神栖《かみす》市日川）／麻賀多《まかた》神社（千葉県成田市台方）／王子稲荷神社（東京都北区岸町）／鉄砲洲《てっぽうず》稲荷神社（東京都中央区湊町）／愛宕《あたご》神社（京都府京都市右京区）／久井稲生《くいいなり》神社（広島県三原市久井町）／葦木《あしき》神社（佐賀県東松浦郡玄海町）など

火《ほの》雷神《いかづちのかみ》

⇩イザナミの子。八柱からなる雷の神

【別称】雷神《いかづちのかみ》、八雷神《やくさのいかづちのかみ》
【神格】雷神、水神、雨乞いの神、稲作の守護神

イザナミの死体から発生

ホノイカヅチ神は、八柱の雷神の総称である。別称のヤクサノイカヅチ神の「ヤクサ(八)」とは八種を意味する。

『古事記』のホノイカヅチ神の誕生シーンはかなり不気味で、黄泉の国の女王となったイザナミ命の腐乱しウジの湧いた死体の各部から生まれる。

頭からは強烈な雷の威力を表す大雷《おおいかづち》神、胸からは落雷が起こす火を表す火雷《ほのいかづち》神、腹からは天地を闇黒にする黒雷《くろいかづち》神、女陰からは落雷が物を引き裂く力を表す析雷《さくいかづち》神、左手からは雷雨後の清涼な空間を表す若雷《わきいかづち》神、右手からは落雷が土に戻る様子を表す土《つち》雷《いかづち》神、左足からは雷鳴をとどろかす力を表す鳴雷《なるいかづち》神、右足からは雲間に隠れて閃光を

走らせる力を表す伏雷《ふせいかづち》神が、それぞれ生まれた。

雷の脅威をこのように細かく分類したことからも、古代人がいかに雷を恐れ、畏敬の念を抱いていたかがわかる。

雷の語源は「神鳴り」である。民間信仰の雷神は、鳴神《なるかみ》、雷電《らいでん》様などと呼ばれ、とくに落雷の多発する地方でよく祀られている。落雷から身を守ってくれる神であると同時に、慈雨をもたらす稲作の守護神としても信仰されている。

◎ご利益　祈雨（雨乞い）、農業守護、落雷除け、鎮火など

◎主な神社　雷電《らいでん》神社（群馬県邑楽《おうら》郡板倉町）／桐生《きりゅう》雷電神社（群馬県桐生市錦町）／火《か》雷《らい》神社（群馬県佐波《さわ》郡玉村町）／雷《いかづち》神社（神奈川県横須賀市追浜《おっぱま》本町）／愛宕神社若宮社（京都府京都市右京区）／向日《むこう》神社（京都府京都市向日《むこう》市）／葛木坐火雷《かつらぎにいますほのいかづち》神社（奈良県葛城《かつらぎ》市笛吹）／雲気《くもげ》神社（香川県善通寺市弘田町）／雷《いかづち》神社（福岡県糸島市雷山）／その他各地の火雷、雷神社など

豊受大神《とようけのおおかみ》

⇩イザナミの孫娘。豊穣の食物神

【別称】豊宇気毘女神《とようけひめのかみ》、豊受気媛神《とようけひめのかみ》、豊由宇気神《とゆうけのかみ》
【神格】食物神、穀物神

アマテラスの食べ物の調達役

トヨウケ大神は、イザナミ命の子ワクムスビ神の娘で、豊かな穀物の実りをつかさどる食物神である。

『古事記』では、トヨウケヒメ神（豊宇気毘女神）の名で登場するが、一般的には伊勢神宮外宮の豊受神宮の祭神名のトヨウケ大神として親しまれている。

この神は大地母神イザナミ命の孫娘にあたる。カグツチ神の出産によって火傷したイザナミ命の尿から生まれたワクムスビ神とミズハノメ神が、肥料（生育のエネルギー）となって作物を実らせる。その成果としてもたらされる豊穣、すなわち食物の豊かさを象徴するのがトヨウケ大神である。

名前の「トヨ（豊）」は豊かさを表す美称で、「ウケ（受）」はケと同じく「食《け》」の意味である。つまり、穀霊《こくれい》を基本的な性格とする食物神であり、その共通性から同じく代表的な食物神である稲荷神のウカノミタマ神やウケモチ命と同神とされたりすることもある。

伊勢神宮では、御饌《みけ》の神とも呼ばれる。御饌とは、アマテラス大神に捧げる食物のことで、トヨウケ大神はそれを調達する役目をになった。そこから発展して日本を代表する有力な食物の神、さらには衣食住をつかさどる神となったのである。

アマテラス直々の指名

トヨウケ大神が伊勢神宮の外宮に祀られた由来が、『止由気宮儀式帳《とゆけぐう》』（九世紀初めの成立）に、次のように記されている。

第二十一代雄略《ゆうりゃく》天皇の夢に現れたアマテラス大神が、「私一人ではさびしいし、食事も心やすらかにとれない。トヨウケ大神を御饌の神としてそばに呼んでほしい」と託宣。そこで天皇は、丹波国《たんば》（京都府中部と兵庫県東部）からトヨウケ大神を迎えて、伊勢の地に祀った。

関連する話が、『丹波国風土記《たんば》』逸文《いつぶん》の奈具《なぐ》の社《やしろ》の天女伝承にある。

昔、天から降りてきた天女が丹波の泉で水浴びをしていたが、近くの老夫婦に見つかって衣を隠され、天に帰れずに彼らの家に身を寄せた。霊酒の醸造法を老夫婦に教えて金持ちにしてやったが、金に驕《おご》った老夫婦に追い出されてしまう。放浪の果てに奈具の村に安住の地を得た天女は、のちに死ぬと奈具の社の神として祀られた。その神が、穀物女神のトヨウカノメ命（豊宇賀能売命）で、トヨウケ大神と同神とされている。

◎ご利益　農漁業・衣食住守護、開運招福、災難・厄除けなど

◎主な神社　伊勢神宮外宮〈豊受大神宮〉（三重県伊勢市豊川町）／鳥海山大物忌神社《ちょうかいさんおおものいみじんじゃ》（山形県飽海郡遊佐町《あくみぐんゆざまち》）／子眉嶺神社《こびみねじんじゃ》（福島県相馬郡新地町）／蒲神明宮《かばしんめいぐう》（静岡県浜松市東区）／元伊勢籠神社《もといせこのじんじゃ》奥宮（京都府宮津市大垣）／奈具神社（京都府宮津市由良）／広瀬大社（奈良県北葛城郡河合町）／伊勢神社（岡山県岡山市北区番町）／山口大神宮（山口県山口市滝町）／その他各地の神明社・大神宮・天祖《てんそ》と呼ばれる神社など

菊理媛神《くくりひめのかみ》

⇩イザナミと同神？　調停・和合の神

【別称】白山比咩命《しらやまひめのみこと》、白山媛命《しらやまひめのみこと》

【神格】調停の神、和合の神、白山神、巫女の祖神

イザナギ・イザナミの夫婦ゲンカを調停

『日本書紀』一書《あるふみ》では、イザナギ命とイザナミ命が黄泉平坂《よもつひらさか》で激しく言い争いをしたとき、ククリヒメ神がヨモツモリミチビト（黄泉《よみ》の国に通じる道の番人）と一緒に現れ、両神の言い分を聞きとってうまくとりなした。そのおかげで、イザナギ命は、無事に黄泉の国からこの世に戻ることができたと書かれている。

ククリヒメ神は、神話ではこの『日本書紀』の一場面に登場するだけで、その出自については謎が多い女神である。一説にはイザナミ命と同神であるとも、また、水をつかさどるセオリツヒメ命（瀬織津姫命）や竜神と同一視されたりもしている。

あの世の代表者イザナミ命とこの世の代表者イザナギ命の仲介者として、両者の話を聞

き、調和を図った功績から、今日では、和合の神、調停の神とされている。また、神や死者と人間の間を媒介するという役割からわかるように、ククリヒメ神は、神に仕える巫女が神格化したものと考えられる。

とにかく、この神の仲裁があったから、イザナギ命は禊をすることができ、さらにはアマテラス大神やスサノオ尊という有名な神々の誕生にもつながった。その意味では、ククリヒメ神は、地味だがとても重要な神様といえる。

◎ご利益　五穀豊穣、大漁満足、開運招福、良縁成就、安産・育児、家運長久など

◎**主な神社**　白山比咩神社《しらやまひめ》（石川県白山市三宮町《はくさん》）／白山神社《はくさん》（新潟県新潟市一番堀通町）／能生白山神社《のう》（新潟県糸魚川市能生《のう》）／白山神社（千葉県君津市俵田）／白山神社（東京都文京区白山）／長滝白山神社《ながたき》（岐阜県郡上市白鳥町）／平泉寺白山神社《へいせんじ》（福井県勝山市平泉寺町）／白山神社《しらやま》（奈良県天理市杣之内町《そまのうち》）／その他全国の白山神社、白山社など

武甕槌命《たけみかづちのみこと》

⇩イザナギの息子。神剣の滴る血から生まれる

【別称】建御雷之男神《たけみかづちのおのかみ》、武甕槌命《たけみかづちのみこと》、建布都神《たけふつのかみ》、豊布都神《とよふつのかみ》
【神格】雷神、剣神、武神、軍神、鹿島神

武勇で鳴らす剣の神

タケミカヅチ命は、イザナギ命が霊剣を振るうという行為をきっかけにして、生まれた子どもの一人である。

愛する妻イザナミ命が、カグツチ神を生む際の火傷が原因で死んでしまったことを嘆き悲しんだイザナギ命は、怒り狂って天之尾羽張《あめのおはばり》という名の神剣を振るってカグツチ神の首を斬り落として殺した。するとその身体から噴き出した鮮血から次々と神が生まれた。

まず、イザナギ命がカグツチ神を斬った際に、天之尾羽張の刀身の根本から滴《したた》った血が岩石群にほとばしって三柱の神が現れた。雷によっておこる火の威力を表す雷火の神であるミカハヤヒ神・ハヤヒ神、そして雷神・剣神であるタケミカヅチ命である。

神話では、タケミカヅチ命は、高天原の天津神《あまつかみ》の強力な意志（軍事的な力）を象徴する剣の霊として重要な役割を果たしている。そこから、武神・軍神としての信仰を生んだ。

『古事記』の国譲り神話では、タケミカヅチ命は単独でオオクニヌシ命と交渉して、国土平定を成功させたとある。『日本書紀』では、タケミカヅチ命が単独ではなく、フツヌシ命（135ページ）とともに葦原中国《あしはらのなかつくに》に派遣されて、オオクニヌシ命と交渉して国譲りを承諾させ、二神で天孫降臨の条件を整える功績をあげたとされる。

また、神武東征の際のエピソードにもタケミカヅチ命が登場する（186ページ）。神武天皇が山中の大熊（悪神）の毒気に当たって倒れた際に、自らの代理として霊剣・布都御魂剣《ふつのみたまのつるぎ》を地上に下し、天皇の危機を救った。

なお、神剣・天之尾羽張は、またの名を伊都之尾羽張《いつのおはばり》といい、国土平定・国譲り神話ではタケミカヅチ命の父神としてその名が登場する。

ヤマト王権の東国の守護神

タケミカヅチ命は、鹿島信仰の総本社である茨城県鹿嶋市の鹿島神宮の祭神として知られ、一般には鹿島神《かしまのかみ》と呼ばれ、「鹿島さま」として親しまれている。蝦夷《えみし》平定をめざすヤ

マト王権の東国の最前線の守護神として、古くから武神・軍神としての霊威が広く知られた。

奈良時代に編纂された地誌『常陸《ひたち》国風土記』に登場する鹿島神は、もともと常陸国（茨城県）の常総《じょうそう》地方の開拓神で、この地方を支配していた中臣《なかとみ》氏（のち藤原氏）一族の氏神とされた。のちに中臣氏によって奈良県の春日大社に勧請《かんじょう》され、その第一殿に祀られている。

◎**ご利益**　武道・スポーツ上達、勝負必勝、試験合格、開運厄除、農漁業守護など

◎**主な神社**　鹿島神宮（茨城県鹿嶋市宮中）／古四王《こしおう》神社（秋田県秋田市寺内児桜《こざくら》）／鹽竈《しおがま》神社（宮城県塩竈市一森山《いちもりやま》）／鹿嶋神社（福島県白河市大鹿島）／鹿島神社（栃木県芳賀郡益子町）／豊鹿島《とよかしま》神社（東京都東大和市芋窪）／鹿骨鹿島《ししぼねかしま》神社（東京都江戸川区鹿骨）／大原野神社（京都府京都市西京区）／春日大社（奈良県奈良市春日野町）／鹿嶋神社（兵庫県高砂市阿弥陀町）／鹿島神社（愛媛県松山市北条辻）／その他全国の鹿島神社、春日神社など

経津主命《ふつぬしのみこと》

⇩イザナギの息子。出自に諸説ある剣の神

【別称】伊波比主神《いわいぬしのかみ》、斉主神《いわいぬしのかみ》、香取神《かとりのかみ》
【神格】剣神、武神、軍神

兄弟ともに藤原氏の守護神

フツヌシ命の「フツ」は、神話に登場する代表的な霊剣・布都御魂剣《ふつのみたまのつるぎ》のフツと同じく、剣が物を断ち斬る音、その威力を表している。

日本の神様の出自には諸説ある場合が多いが、フツヌシ命がまさにその典型だ。たとえば、『日本書紀』一書《あるふみ》では、火の神カグツチを生んだことが原因で妻のイザナミ命が死んだことに怒り狂ったイザナギ命が、十拳剣《とつかのつるぎ》でカグツチ神を斬り殺した。そのときに、ほとばしった血に染まった岩石群からイワサク神、ネサク神が化生し、その子で男女一対の神のテワツツノオ神とイワツツノメ神の子どもとして生まれたのがフツヌシ命とある。

別の一書には、イザナギ命がカグツチ神を斬った剣の刃から滴った血が、天《あま》の安河原《やすかわら》のほとりの岩石群となった。これがすなわちフツヌシ命であると書かれている。

『古事記』には、フツヌシ命の名は登場しないが、イザナギ命が火の神を殺した際に、流れた血からタケミカヅチ命が生まれたことが書かれていて、またの名をタケフツ神、トヨフツ神としている。

このようにフツヌシ命の出自についてはさまざまな記述があるが、共通しているのは、イザナギ命が剣を振るったこと、それによって火の神カグツチの血が流れ出たことの二つである。

つまり、フツヌシ命は、火の神の血を物実《ものざね》として生まれた、剣の持ち主であるイザナギ命の子と考えられる。ということは、フツヌシ命とタケミカヅチ命は、イザナミ命の火の神殺しによって生まれた兄弟の関係になる。性格もそっくり同じ雷神・剣神だ。

タケミカヅチ命の項目でも書いたように、『日本書紀』では、フツヌシ命はタケミカヅチ命と一緒に葦原中国《あしはらのなかつくに》に降り、オオクニヌシ命と交渉して国譲りを成功させたとある。

フツヌシ命とタケミカヅチ命が、同じ剣の神霊（布都御魂《ふつのみたま》）でありながら、それぞれに別の神格を持つことになった理由は、別々の有力氏族（物部氏と中臣氏）が、それぞれ独

立した氏神として祀ったという経緯による。

フツヌシ命は、関東地方を中心に全国に広がる香取《かとり》信仰の総本社である千葉県香取市の香取神宮の祭神で、一般に香取神として知られる。香取神は、古くから常総地方で信仰された開拓神で、『常陸国風土記』の信太郡《しのだこおり》の条に、「天地《あめつち》のはじめのころ、普都大神《ふつのおおかみ》と名乗る神が降りてきて、日本中をめぐり、山河のあらゆる神を鎮めた」とある。

のちに香取神は、鹿島神宮の祭神の鹿島神と同じく、中臣氏（藤原氏）によって奈良の春日大社に勧請され、第二殿春日明神（春日四所明神《ししょみょうじん》）として藤原氏の氏神、平城京の守護神となった。

◎ご利益　開運厄除、武道上達、勝負必勝、試験合格、出世開運、延命長寿など
◎主な神社　香取神宮（千葉県香取市香取）／鹽竈《しおがま》神社（宮城県塩竈市一森山）／一之《いちの》宮貫前《みやぬきさき》神社（群馬県富岡市一ノ宮）／亀有香取神社（東京都葛飾区亀有）／大原野神社（京都府京都市西京区）／吉田神社（京都府京都市左京区）／枚岡《ひらおか》神社（大阪府東大阪市出雲井町）／春日大社（奈良県奈良市春日野町）／石上《いそのかみ》神宮（奈良県天理市布留《ふる》町）／その他各地の香取神社、春日神社など

高龗神《たかおかみのかみ》

⇩イザナギの娘。雷神を兄に持つ水の神

【別称】闇龗神《くらおかみのかみ》（闇淤加美神《くらおかみのかみ》）、於加美《おかみ》神《のかみ》、竜神

【神格】水の神、雨乞いの神

「オカミ」とは竜神のこと

タカオカミ神は、イザナギ命が火の神カグツチを斬り殺したときに、剣神（雷神）のタケミカヅチ命の次に生まれた水の神である。

『古事記』には、イザナギ命がカグツチ神の首を斬ったときに、剣の柄元に集まった血が手の指の股から漏れ出て、クラオカミ神（タカオカミ神の別称）とクラミツハ神（ミズハノメ神の別称）の二人の水の女神が生まれたとある。

一方、『日本書紀』一書《あるふみ》には、イザナギ命がカグツチ神を斬ったときに、飛び散った血からタカオカミ神（別の一書にはクラオカミ神）が生まれたとある。

タカオカミ神の「タカ」は、高い峰・天の高みといった意味で、そこにあって雨をつか

さどる神といえば雷神が思い浮かぶ。別名のクラオカミ神（闇龗神）の「クラ」は、鬱蒼《うっそう》とした緑に覆《おお》われ昼なお暗い渓谷を連想させ、峰から下る渓流に宿る神霊という性格がうかがえる。「龗《おかみ》」とは、水や雨をつかさどる竜神のことだ。

このように、高い山に降った雨が、谷を下って川となり、やがて野を潤すという意味で、タカオカミ神とミズハノメ神の二神を合わせて川の源流の神と考えることができる。

タカオカミ神の兄にあたるタケミカヅチ命の基本的な性格のひとつが雷神であり、古くから雨乞いの神として信仰されてきた。兄の雷神がもたらす天の恵みの雨水をつかさどる役目を担う妹として生まれたのが、水の神・タカオカミ神なのである。

◎ご利益　祈雨・祈晴、農林漁業・醸造・染色・料理飲食業守護など

◎主な神社　貴船《きふね》神社（京都府京都市左京区）／荏原《えばら》神社（東京都品川区北品川）／毛谷《けや》黒龍《くろたつ》神社（福井県福井市毛矢）／雄神《おかみ》神社（富山県砺波《となみ》市庄川町）／貴船神社（静岡県磐田市掛塚）／白龍神社（愛知県名古屋市中村区）／丹生川上神社上社《にうかわかみ》（奈良県吉野郡川上村）／丹生川上神社下社（奈良県吉野郡下市町）／阿沼美《あぬみ》神社（愛媛県松山市平田町）／その他全国の貴船・意加美《おかみ》・雄神《おがみ》・高龗《たかおかみ》と名のつく神社など

⇩イザナギの息子。穢れから成った災厄の神

八十禍津日神《やそまがつひのかみ》・大禍津日神《おおまがつひのかみ》

【別称】八十枉津日神《やそまがつひのかみ》、枉津日神《まがつひのかみ》、瀬織津姫命《せおりつひめのみこと》

【神格】祓除《ばつじょ》（穢れを除く）神、災厄の神

黄泉の国の穢れを象徴

『古事記』では、黄泉の国からこの世に戻ったイザナギ命が、禊をするために衣服や持ち物を捨てて裸になり、水にもぐるとヤソマガツヒ神とオオマガツヒ神が生まれた。この二柱の男神は、イザナギ命が黄泉の国に行ったときに身についた穢れから成った神とある。

さらに、この二神の後に、禊によって禍《わざわい》（邪悪）の元凶である穢れを正す男神であるオオナオヒ神（大直日神）とカムナオヒ神（神直日神）が生まれ、つづいて禊によって汚穢《おわい》をすすいで清められたことを表すイヅノメ神（伊豆能売神）という女神が生まれたと書か

れている。

ヤソマガツヒ神・オオマガツヒ神の「マガ（禍）」とは、災厄の観念を表すもので、この二神は、この世に凶事（悪）をもたらす「穢れ」の神である。それに対して、次に生まれた二神の名前の「ナオ（直）」は、穢れを直す（正す）吉事を象徴している。

さらにその次に生まれたイヅノメ神の「イヅ」は「厳《いづ》」のことで、聖なること、斎《い》み清めることを意味する。水に流れ出た穢れを清める役割の共通性から、この女神は祓戸神《はらえどのかみ》の一神であるハヤアキツヒメ命（速開津比売命）と同神とする説もある。

ヤソマガツヒ神・オオマガツヒ神は、名前の通りに不吉で禍々《まがまが》しく、本来は凶を象徴する神だ。しかし、その凶は、つづいて生まれたオオナオヒ神・カムナオヒ神・イヅノメ神の誕生で吉へと正される。すなわち、この三兄妹は、一体となって死の国の穢れをイザナギの体から分離し、それを浄化する機能を発揮しているのである。

さらにこの後に、ワタツミ神（綿津見神。143ページ）と住吉三神（146ページ）が生まれて浄化レベルが頂点に達し、イザナギ命が神聖さを取り戻したことで、いよいよ神話界のスーパースター「三貴子《さんきし》（アマテラス大神、ツキヨミ命、スサノオ尊）」が誕生するのである。

今日では、ヤソマガツヒ・オオマガツヒの二神は、自らが支配する穢れ（災厄や凶事の原因）を制御して取り除く、災厄除けの神として崇敬を受けている。

◎ご利益　厄除け、疫病除け、招福

◎主な神社　早吸日女《はやすいひめ》神社（大分県大分市佐賀関）／秩父神社摂社杆津日《まがつひ》社（埼玉県秩父市番場町）／神部《かんべ》神社（山梨県甲州市塩山上萩原）／瀬織津姫《せおりつひめ》神社（石川県金沢市別所町）／綾戸國中《あやとくなか》神社（京都府京都市南区）／警固《けご》神社（福岡県福岡市中央区）／桜井神社（福岡県糸島市志摩桜井）など

綿《わた》津《つ》見《み》神《のかみ》

⇩イザナギの子。住吉三神と並ぶ海の神

【別称】綿津見三神《わたつみさんじん》（底津綿津見神《そこつわたつみのかみ》・中津綿《なかつわた》津見神《つみのかみ》・上津綿津見神《うわつわたつみのかみ》）、海神《わたつみのかみ》、和多都《わたつ》美神《みのかみ》、志賀神《しかのかみ》、豊玉彦命《とよたまひこのみこと》
【神格】海の神、航海の神

浦島伝説の乙姫の父

ワタツミ神は、イザナギ命が黄泉の国から戻り、日向《ひゅうが》（宮崎県）の橘《たちばな》の小戸《おど》の阿波岐原《あわきはら》の海に入って禊をした際に生まれた三柱の海の神（ワタツミ三神＝ソコツワタツミ神・ナカツワタツミ神・ウワツワタツミ神）の総称である。

『古事記』では、ワタツミ神と住吉三神《すみよしさんじん》（底筒之男《そこつつのお》命・中筒之男《なかつつのお》命・上筒之男《うわつつのお》命）が、ほぼ同時に生まれる。まずイザナギ命が海の瀬の底の部分で体を洗うとソコツワタツミ神（底津綿津見神）、つづいてソコツツノオ命（底筒之男命）が、中ほどで洗うとナカツワタツミ神（中津綿津見神）、つづいてナカツツノオ命（中筒之男命）が、水面で洗うとウワ

ツワタツミ神（上津綿津見神）、つづいてウワツツノオ命（上筒之男命）が生まれた。

「ワタ」は海、「ツミ」は住むという意味で、すなわち海の神様のことである。ワタツミ神（ワタツミ三神）と住吉三神は、一心同体ともいえるような似た者兄弟の海の神だ。住吉三神については次の項で詳しく紹介する。

ワタツミ神の名は、『古事記』では、イザナギ命とイザナミ命が夫婦で神生みをしたときに、海の神三神の一神として、同名の神様が登場しているが、もちろんここで紹介するワタツミ神とは別神である。

海の神三神の一神であるワタツミ神は、海を象徴する自然神だったが、イザナギ命の禊によって誕生した新たなワタツミ神（ワタツミ三神）には、海の持つ浄化力と、航海の神という性格が明確に付与されている。

新たなワタツミ神には、有名な二人の美しい娘がいる。それが安産・子育ての神のトヨタマヒメ命（204ページ）とタマヨリヒメ命（208ページ）という姉妹で、トヨタマヒメ命は浦島太郎の話で有名な竜宮の乙姫と同一の神霊と考えられている。

また、浦島伝説の先駆とされる「海幸《うみさち》・山幸《やまさち》神話」では、海宮《わたつみのみや》の主のワタツミ神はトヨタマヒコ命（豊玉彦命）という別名で呼ばれており、釣り針を失くして困ってやって

きた山幸彦（ヒコホホデミ命。201ページ）を助けて娘のトヨタマヒメ命を嫁がせている。

◎ご利益　航海安全、豊漁、交通安全、水難除け、厄除けなど

◎主な神社　志賀海《しかうみ》神社（福岡県福岡市東区志賀島）／船魂《ふなだま》神社（北海道函館市元町）／渡海《とかい》神社（千葉県銚子市高神西町）／穂高神社（長野県安曇野《あづみの》市穂高）／海《かい》神社（兵庫県神戸市垂水区宮本町）／沼名前《ぬなくま》神社（広島県福山市鞆町後地《ともちょううしろじ》）／鵜戸《うど》神宮境内九柱神社（宮崎県日南市宮浦）／浜殿《はまどの》神社（長崎県対馬市豊玉町）／鹿児島神社（鹿児島県鹿児島市草牟田《そうむた》）／その他全国の綿津見神社、海神社など

住吉三神《すみよしさんじん》

⇩イザナギの子。三貴子の兄貴分の海の神

【別称】筒之男《つつのお》三神（底筒之男命《そこつつのおのみこと》・中筒《なかつつ》之男命《のおのみこと》・上筒之男命《うわつつのおのみこと》）、墨江之三前《すみのえのみまえ》大神《のおおかみ》、墨江三神《すみのえさんじん》、住吉大神《すみよしのおおかみ》

【神格】海の神、お祓い（清祓《きよはらえ》）の神、航海の神、和歌の神

イザナギの清めの総仕上げ役

住吉三神は、イザナギ命が橘《たちばな》の小戸《おど》の阿波岐原《あわきはら》の海で禊をしたときに、ワタツミ神と一緒に生まれた海の神である。また、海の持つ浄化力から、お祓いの神、清祓《きよはらえ》の神としても尊崇されている。

１４３ページで述べたように、海の底で体を洗うとソコツツノオ命、中ほどで洗うとナカツツノオ命、水面近くで洗うとウワツツノオ命が生まれた。

「ツツ」の意味については諸説あるが、有力な説の一つが、船の出入りする「津」を意味

するというもの。『古事記』にある墨江《すみのえの》三《み》前大神《まえのおおかみ》という住吉三神の別称は、もともと摂津（大阪府北西部と兵庫県南東部）の住之江《すみのえ》の津の守護神だったことからきたと考えられている。

住之江の地には住吉神社の総本社である住吉大社が祀られているが、古代には瀬戸内海を経て朝鮮、中国大陸に至るゲートウェイであり、古代の海上交通の要衝だった。中国に渡る外交官や留学僧《るがくそう》を乗せた外交船もここから出港していった。遣唐船で唐に渡り真言密教の奥義を修めて帰国した空海も、この住吉三神に守られたことになる。

住吉三神は、ワタツミ三神と同じ海の神という性格を持つ似たもの兄弟なのだが、両神では微妙な違いがある。

穢れをきれいに洗い流して清めるという海（水）の浄化力を象徴する意味では、ワタツミ三神も住吉三神も同じだ。ではどこが違うかというと、穢れを洗い流すための一連の浄化システムの先導役（先に生まれる）がワタツミ三神で、その後の仕上げの役割（後で生まれる）をになうのが住吉三神という点である。

住吉三神によってイザナギ命の穢れが完全に払われ、いよいよ三貴子（アマテラス大神、ツキヨミ命、スサノオ尊）が生まれる準備が整ったのである。

◎ご利益　厄除け、航海安全、農漁業・海運・貿易・造船業守護、航空安全、和歌上達など

◎主な神社　住吉大社（大阪府大阪市住吉区）／住吉神社（北海道小樽市住ノ江）／住吉神社（福島県いわき市小名浜住吉）／住吉神社（東京都中央区佃）／住吉神社（石川県輪島市鳳至《ふげし》町）／住吉神社（兵庫県明石市魚住町）／住吉神社（広島県広島市中区住吉町）／住吉神社（山口県下関市一の宮住吉）／住吉神社（福岡県福岡市博多区）／鵜戸《うど》神宮境内九柱神社（宮崎県日南市宮浦）／住吉神社（長崎県壱岐《いき》市芦辺町）／鎮西《ちんぜい》大社諏訪神社（長崎県長崎市上西山町）／その他全国の住吉神社など

天照大神《あまてらすおおみかみ》

⇩イザナギの娘。八百万の神々の母神

【別称】天照大御神《あまてらすおおみかみ》、大日孁貴神《おおひるめむちのかみ》、大日孁尊《おおひるめのみこと》、天照大日孁貴命《あまてらすおおひるめむちのみこと》、天照坐皇大神《あまてらしますすめおおみかみ》
【神格】太陽神、豊穣神、機織の神、皇祖神

孫は皇室の祖となるニニギ命

アマテラス大神の誕生については、イザナギ命が橘《たちばな》の小戸《おど》の阿波岐原《あわきはら》の海で禊をした際に、左の目を洗ったときに生まれたのが、日の神アマテラス大神と『古事記』に書かれている。

つづいて右目を洗うとツキヨミ命（月読命。154ページ）が、鼻を洗うとスサノオ尊（素戔嗚尊。157ページ）という二人の神が生まれた。この三神は、イザナギ命が「私はこれまで多くの子を生んできたが、ついに貴い三人の子どもを得た！」と大いに喜んだことから三貴子《さんきし》といわれる。

さらに三貴子の分治について、イザナギ命は、姉のアマテラス大神に「お前は高天原を

治めるがよい」と言っては自分の首にかけていた玉飾り（高天原の統治権のシンボル）を与えた。さらに弟のツキヨミ命には夜の世界を、スサノオ尊には海原を治めるように命じたという。

アマテラス大神は、そのあと高天原を支配し、稲作、養蚕、織物などを行い、最高司令神として八百万の神々を支配した。そして、地上の葦原中国《あしはらのなかつくに》を平定して国譲りを成功させると、自らの子孫が天降って人間界の王宮（皇室）の祖となる下地づくりを行った。

なお、『日本書紀』一書《あるふみ》では、イザナギ命が左手に白銅鏡《まそかがみ》を持ったときにオオヒルメ尊（大日孁尊。アマテラスの別称）が生まれたとある。なんとも不思議でファンタジックな誕生シーンだが、古来、鏡は太陽神の依代《よりしろ》とされてきたことはよく知られている。

「アマテラス（天照）」という名前は、文字通り「天に照り輝く太陽」を意味している。また、別名のオオヒルメ尊の「ヒルメ」は「日の女《め》（妻）」の意味で、太陽神に仕える巫女のことであり、そこからこの女神は古代の「日の巫女」の神格化ともいわれている。

太陽信仰は世界中にあり、各民族がそれぞれの太陽神を崇めているが、日本でも古くから太陽を「日の神」として崇拝する信仰があった。さらに、日本には先祖の霊が子孫繁栄を守護するという観念があった。その祖霊《それい》信仰と太陽信仰が結びつき、天皇家の祖先神・

アマテラスという特別な性格が与えられたと考えられている。

弟神・スサノオ尊との誓約《うけい》

神話には、太陽神アマテラスについてのいろいろな記述があるが、とりわけ有名なのが天岩戸隠れの大事件だ。

高天原での弟スサノオ尊の乱暴狼藉をきっかけに、アマテラス大神が天岩戸の中に隠れてしまった。すると、世界は闇となり秩序を失って悪霊が騒ぎ災厄が蔓延《まんえん》した。そこで八百万の神々が、アマテラス大神を慰める祭りを行って岩戸の外に誘い出すと、世界に再び光が満ち溢れ、悪霊や災厄も鎮まったという。

この「天岩戸隠れ」のエピソードは、太陽の「死と再生」の儀式であり、穀物の豊かな実りを願う古代の農耕儀礼が反映されたものと考えられている。

神話の中で特別な意味を持つ神は、その誕生の仕方も、子どものもうけ方も尋常でないことが多いが、アマテラス大神も例外ではない。アマテラス大神は独身の神であり、結婚もせず夫もいない。それでも子どもを生んでいる。神話ではそれが「天《あま》の安河原《やすかわら》の誓約」として語られている。

アマテラス大神に対する逆心を疑われた弟のスサノオ尊が、身の潔白を証明するためにお互いの子どもを生むことで誓約をした。その際に、アマテラス大神が身に着けていた玉飾りの五つの玉を物実《ものざね》として五人の男の子の神（アメノオシホミミ命、アメノホヒ命、アマツヒコネ命、イクツヒコネ命、クマノクスビ命）が生まれた。長男のアメノオシホミミ命（168ページ）の息子が天孫降臨《てんそんこうりん》神話の主役となるアマテラスの孫のニニギ命である。そもそもニニギ命が「天孫」と呼ばれるのはアマテラス（天照）の孫であることを意味する。

このアマテラス大神とスサノオ尊の姉弟による誓約の場面は、皇祖神であるアマテラス大神が処女のまま跡継ぎとなる御子を生むことが重要なテーマになっている。物実となる玉はアマテラス大神の身代わりにほかならない。

偉大な女神が身に着けていた玉石から、世界の支配者となる「太陽の子」が生まれるのは、世界に共通する神話のパターンである。

……………………

◎ご利益　国家隆昌、家内安全、心願成就、商売繁盛、災厄除去、健康長寿など
◎主な神社　伊勢神宮内宮《ないくう》〈皇大神宮《こうたい》〉（三重県伊勢市宇治館町）／上川神社（北海道旭

川市神楽岡《かぐらおか》公園）／開成山《かいせいざん》大神宮（福島県郡山市開成山）／金鑽《かなさな》神社（埼玉県児玉郡神川町）／芝《しば》大神宮（東京都港区芝大門）／東京大神宮（東京都千代田区富士見）／伊勢山皇大神宮《いせやまこうたいじんぐう》（神奈川県横浜市西区）／熱田神宮（愛知県名古屋市熱田区）／仁科神明宮《にしなしんめいぐう》（長野県大町《おおまち》市社《やしろ》宮本）／日御碕《ひのみさき》神社（島根県出雲市大社町）／伊勢神社（佐賀県佐賀市伊勢町）／その他全国の皇太神社、神明社など「お伊勢さま」を分祀する神社

月読命《つきよみのみこと》

⇩イザナギの子。ミステリアスな月の神

【別称】月読神《つきよみのかみ》、月夜見命《つきよみのみこと》、月弓尊《つきよみのみこと》

【神格】月の神、農業神、月を見て暦をつかさどる神、占いの神、生命力再生の神

欠けては満ちる月は不老不死の象徴

ツキヨミ命は、イザナギ命が、橘《たちばな》の小戸《おど》の阿波岐原《あわきはら》の海で禊をしたときに、右の目を洗ったときに生まれた月の神である。

『日本書紀』一書《あるふみ》によると、ツキヨミ命が姉のアマテラス大神に命じられて食物神のウケモチ神（103ページ）に会いに行くと、ウケモチ神が口から食物を出してもてなした。これに対し、ツキヨミ命は、「なんて汚らしい！」と腹を立て、ウケモチ神を斬り殺してしまう。

ツキヨミ命がそのことを報告すると姉のアマテラスは大いに怒り、「二度とお前とは会いたくない」といって、それ以来、昼と夜とに分かれて住むようになった。こうして昼と

夜が始まったという。

姉弟のアマテラス大神やスサノオ尊が多くの子どもをつくり、多くの子孫を残しているのに対して、なぜかツキヨミ命には子どもがない。先のエピソードからは乱暴者の一面もうかがえるが、記紀での記載も少なく、実は性別も不明で、謎の多い神である。

ツキヨミ命は、一般には農業神として知られている。その名前の「ツキヨミ（月読）」とは「月の満ち欠けを数える」という意味で、古代の農民は、月のめぐりを数えて農作業の目安とし、田を耕し、種を蒔《ま》いた。こうした大事な情報を教えてくれる月に対して農民は敬虔《けいけん》な気持ちを抱き、神として崇めるようになった。

また、ツキヨミ命は、生命の源泉である水や不老不死の生命力とも深く関係する。古来、月の満ち欠けは、生命の死と再生に結びつけられた。月が欠けることが死の起源とされ、その満ち欠けが生と死の反復、つまり不老不死のイメージと結びついたのである。

そして、ツキヨミ命が不老不死の水を持っているという話が生まれ、不老不死や回春をもたらす「若返りの水」の信仰を生んだ。これは、現在も正月の「若水汲《わかみずく》み」として伝わっている。若水とは元旦の朝に汲む水のことで、それを神に供えたり、家族の食事を作ったりすることによって、心身を清め、魂の新鮮な活力を授かろうという行事である。

◎ご利益　農漁業・航海守護、安産、産業興隆、家内安全、諸願成就など
◎主な神社　月山《がっさん》神社（山形県東田川郡庄内町）／鳥海月山両所宮（山形県山形市宮町）／賀蘇山《がそやま》神社（栃木県鹿沼市入粟野）／伊勢神宮内宮別宮・月読荒御魂宮《つきよみあらみたまのみや》（三重県伊勢市中村町）／伊勢神宮外宮別宮・月夜見宮《つきよみのみや》（三重県伊勢市宮後《みやじり》）／松野尾大社摂社月読神社（京都府京都市西京区）／西照神社（徳島県美馬市脇町）／西寒多《ささむた》神社（大分県大分市寒田）／その他各地の月山神社・月読社など

⇩イザナギの息子。八岐大蛇退治の英雄

素《す》盞《さ》嗚《のお》尊《のみこと》

【別称】建速須佐之男神《たけはやすさのおのみこと》、素盞嗚尊《すさのおのみこと》、素戔嗚尊《すさのおのみこと》
【神格】海原の神、農業神、防災除疫神

宗像三女神《むなかたさんじょしん》とオオクニヌシの父

イザナギ命が黄泉の国から帰ってきてからの橘《たちばな》の小戸《おど》の阿波岐原《あわきはら》の海での禊で、左目を洗うとアマテラス大神、つづいて右目を洗うとツキヨミ命が生まれた、そして、最後に鼻を洗ったときに日本神話のスーパーヒーロー・スサノオ尊が生まれた。三貴子の勢揃いである。

『古事記』では、イザナギ命は、アマテラス大神に高天原の統治を、ツキヨミ命には夜の世界の統治を、そしてスサノオ尊に対しては海原を治めることを命じたとあるが、『日本書紀』一書《あるふみ》では、スサノオ尊に「根の国を治めるがよい」と命じたとしている。

根の国とは、天や地上に対する地下の国（黄泉の国、死者の国）のことで、のちに出雲

を舞台とした神話では、スサノオ尊は根の国の住人として登場する。スサノオ尊は、兄神たちの迫害から逃れて根の国にやってきた未成熟のオオクニヌシ命に過酷な試練を課して一人前に成長させたとある。

乱暴狼藉のエピソードが目立つスサノオ尊だが、海の神、農業の神として、私たちの一般生活と深く結びついている。数多い子どもたちとその子孫にも、こうしたスサノオ尊の血筋が脈々と流れている。その主な神々を紹介しよう。

まず、美しい三姉妹の海の神・航海の神の宗像三女神（224ページ）。スサノオ尊が高天原でアマテラス大神と誓約《うけい》をした際に生まれた。

のちにスサノオ尊は、天上の高天原を追放されて出雲に降り、怪物の八岐大蛇《やまたのおろち》を退治してイナダヒメ命（222ページ）を助けて彼女を妻とする。そして生まれたのが、大八洲国《おおやしまぐに》（日本の国土）のことをよく知るヤシマジヌミ神で、『古事記』には、この神の系統でスサノオ尊から数えて六代目の子孫にあたるのがオオクニヌシ命とある。

一方、『日本書紀』本文ではオオクニヌシ命はスサノオ尊の息子、同一書《あるふみ》では六世の孫とも七世の孫とも記してあるが、今日では一般にスサノオ尊の息子と認識されている。

神社でも、埼玉県さいたま市の武蔵一宮氷川神社のように、スサノオ尊とイナダヒメ命

の夫婦と御子神のオオクニヌシ命という親子三神で祀られていることが多い。

出雲の大地に宿る神

スサノオ尊は、オオヤマヅミ神の娘で市の神のカミオオイチヒメ命（神大市比売命）との間に豊作の神のオオトシ神（231ページ）と食物神のウカノミタマ神（稲荷神。233ページ）をもうけている。オオトシ神は、正月に祀られる年神様《としがみさま》や正月様、恵方様《えほうさま》などの名で民間の年中行事のなかで親しまれている豊穣神だ。ウカノミタマ神は稲荷神として日本で一番多く神社が祀られている福神である。

さらにスサノオ尊は林業に関わる神も生んでいる。木種の神のイソタケル命（五十猛命。227ページ）である。『日本書紀』一書《あるふみ》に、スサノオ尊はイソタケル命とともに、樹木の種を持って、はじめは天から朝鮮半島の新羅《しらぎ》国に降ったと書かれている。しかし、そこでは種を蒔かずに大八洲国に渡り、紀伊国を舞台として種を散布して国土を青山にしたとある。

別の一書には、スサノオ尊はこの国に船があった方がよいと言って、髭《ひげ》や胸毛、尻の毛、眉毛などの体毛を抜いて放ると、杉や桧《ひのき》、槙《まき》や樟《くす》になった。杉と樟は船材に、桧は宮殿の

建材に、槙は世の人々の寝殿造に用いるように定めた。

そして、木材を豊かにするために、スサノオ尊の娘のオオヤツヒメ命・ツマツヒメ命（樹木の神）とイソタケル命が協力してよく種を蒔き、樹木を茂らせた。

『日本書紀』一書には、子どもたちが樹木の種を散布し終えると、スサノオ尊は根の国に入ったと書かれている。このことは、スサノオ尊がもともと根の国の神、すなわち出雲の大地に宿る神と信じられていたことを物語っている。

◎ご利益　水難・火難・病難除去、商売繁盛、五穀豊穣、文学、学問上達、縁結びなど

◎主な神社　八坂《やさか》神社（京都府京都市東山区）／熊野大社（山形県南陽市宮町）／武蔵一宮氷川神社（埼玉県さいたま市大宮区）／赤坂氷川神社（東京都港区赤坂）／素盞雄《すさのお》神社（東京都荒川区南千住）／津島神社（愛知県津島市神明町）／熊野本宮大社（和歌山県田辺市本宮町）／八重垣《やえがき》神社（島根県松江市佐草《さくさ》町）／須佐《すさ》神社（島根県出雲市佐田町）／沼名前《ぬなくま》神社（広島県福山市鞆《とも》町）／その他全国の八坂《やさか》（弥栄）・祇園・津島（天王）、氷川、須賀《すが》神社など

塩土老翁神《しおつちおじのかみ》

⇩イザナギの息子。良い未来を招く超能力者

【別称】塩椎神《しおつちのかみ》、塩筒老翁神《しおつつおじのかみ》、事勝国勝長狭神《ことかつくにかつながさのかみ》

【神格】航海の神、製塩の神、呪術・予言の神

神武天皇に東征を決断させる

シオツチオジ神は、イザナギ命の息子とされている。『日本書紀』一書《あるふみ》に、天孫降臨の後、笠狭《かささ》の岬に着いたニニギ命の前に、コトカツクニカツナガサ神という名の神が現れ、「天孫に国を奉《たてまつ》りましょう」と述べた。「この神は、イザナギ命の御子、またの名をシオツチオジという」とある。

「シオツチ」とは、「潮の霊《ち》」を意味する言葉で海の神を表し、別称の「シオツツ」は、潮路の神を意味している。

この神は「海幸・山幸神話」では、山幸彦《やまさちひこ》に海宮へ行く方法を教える。また、「神武東

征神話」では、日向《ひゅうが》（宮崎県）の地に住んでいたカムヤマトイワレビコ命（神武天皇）に、「東方に美《よ》き国あり」と教え、大和《やまと》への東征を決断させる。

結果として、山幸彦はヒコホホデミ命と称して立派な皇祖神となり、カムヤマトイワレビコ命は大和に建国して初代天皇に即位することになった。つまり、この神は未知の情報を教え、予言し、物事をベストな方向に導く超能力者といえる。

シオツチオジ神の最大の役割は、皇祖神アマテラス大神の後継者たちにとっての良き未来を招くことだった。その超越的な力の源泉は、アマテラス大神の親神であるイザナギ命の血統なのである。

◎ご利益　漁業・農業・製塩守護、地域開発、海上安全、延命長寿、安産など

◎主な神社　鹽竈《しおがま》神社（宮城県塩竈市一森山）／船魂《ふなだま》神社（北海道函館市元町）／塩竈神社（愛知県名古屋市天白区）／胡宮《このみや》神社（滋賀県犬上郡多賀町）／豊受大神宮末社志宝屋神社（三重県伊勢市大湊町）／青島神社（宮崎県宮崎市青島）／益救《やく》神社（鹿児島県熊毛郡屋久島町）／その他各地の塩竈神社など

第五章

アマテラスの子と孫たち

アマテラスにはじまる皇祖の系譜

親族～

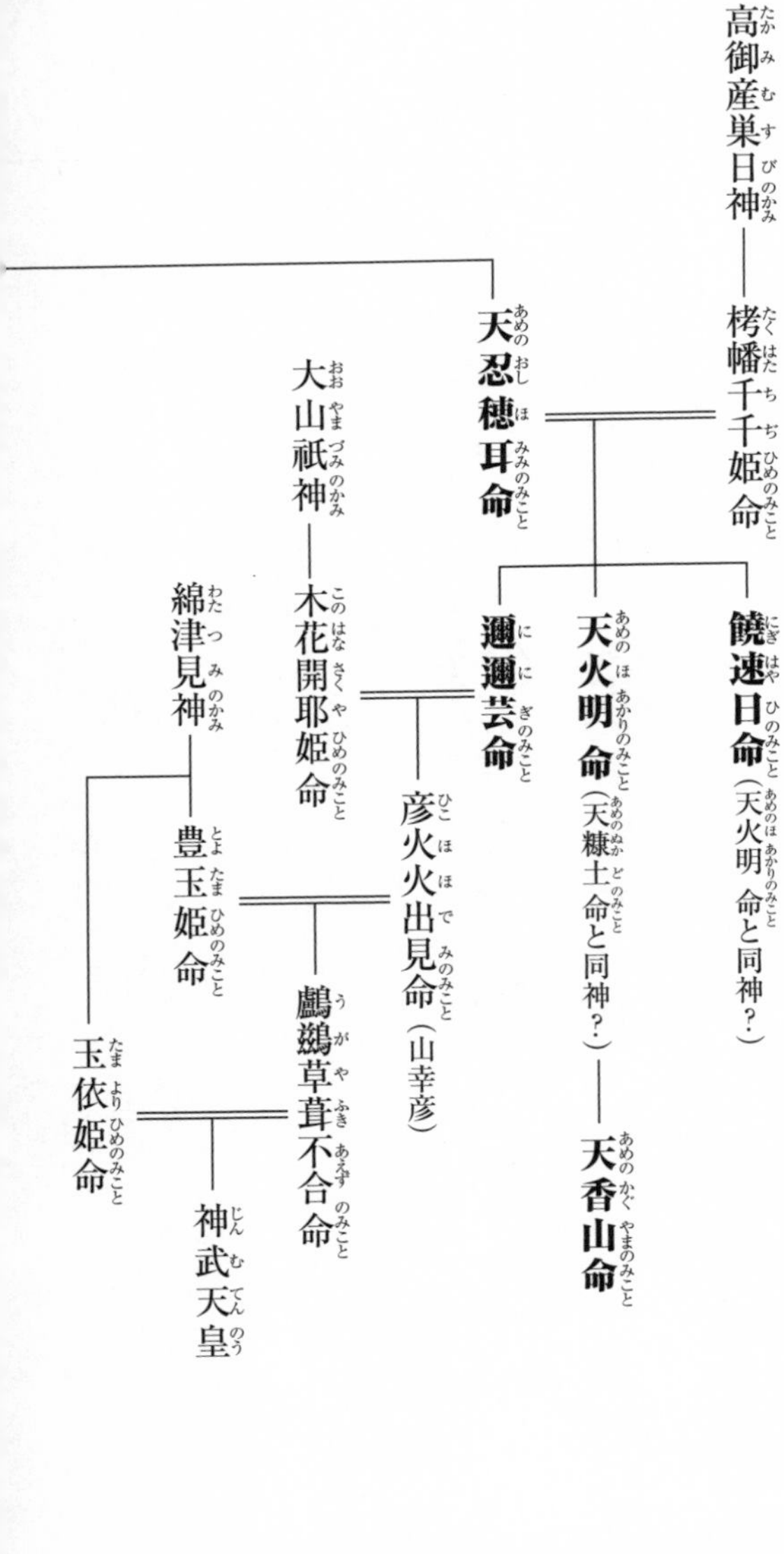

※太字が本章で紹介している神様

～第五章　アマテラスの子ども・孫たちと

- 天照大神《あまてらすおおみかみ》
  - **天穂日命《あめのほひのみこと》**
    - 天夷鳥命《あめのひなどりのみこと》
  - **天津日子根命《あまつひこねのみこと》**
    - 天之御影命《あめのみかげのみこと》（天目一箇命《あめのまひとつのみこと》と同神？）
    - **天目一箇命《あめのまひとつのみこと》**
    - 天糠戸命《あめのぬかどのみこと》（天火明命《あめのほあかりのみこと》、天目一箇命《あめのまひとつのみこと》と同神？）
      - **石凝姥命《いしこりどめのみこと》**
  - 活津日子根命《いくつひこねのみこと》
  - 熊野久須毘命《くまのくすびのみこと》
  - 稚日女命《わかひるめのみこと》（妹、娘とも）

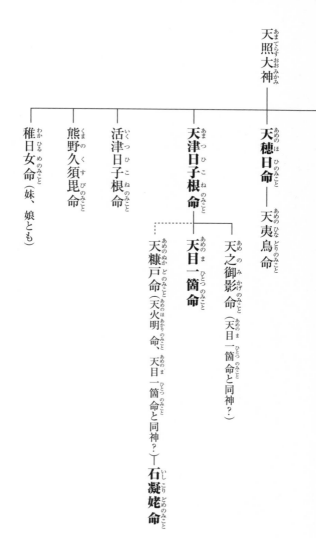

アマテラスにはじまる皇祖の系譜

アマテラス大神《おおみかみ》の子どもたちが誕生する神話の有名な場面が、高天原の天《あま》の安河原《やすかわら》における弟のスサノオ尊《のみこと》と行った誓約《うけい》の場面である。

『古事記』では、はじめにアマテラス大神が、スサノオ尊の佩《は》いていた十拳剣《とつかのつるぎ》を三段に折って、高天原の聖水である天《あめ》の真名井《まない》の水をそそいで洗い清め、口に含んでよく嚙み砕き、息とともに吹き出すとそれが神秘的な霧となり、その中から三人の美しい女神（宗像《むなかた》三女神）が生まれた。

つづいてスサノオ尊が、大神の身に着けていた玉飾りの玉（八尺瓊勾玉《やさかにのまがたま》）を取って、天の真名井の聖水で洗い清め、口に含んで嚙み砕いて吹き出すと、アメノオシホミミ命《のみこと》、アメノホヒ命、アマツヒコネ命、イクツヒコネ命、クマノクスビ命の五人の男神が生まれた。

そこで、大神は「あとから生まれた五人の男神は、私の物実《ものざね》である玉から生まれたのだからわたしの子です。先に生まれた三人の女神は、お前の物実である剣から生まれたのだからおまえの子です」と宣言した。アマテラス大神は、わざわざ念押しするように、スサノオ尊との誓約で生まれた子がどちらに属するかについて、はっきりと区別をつけているのである。

この宣言によって、アマテラス大神の子どもたちは天上の高天原系の天津神《あまつかみ》であり、一方のスサノオ尊の子どもたちは地上の出雲系の国津神《くにつかみ》であることが明確にされた。さらに、アマテラス大神にはじまる高天原系の天津神の系譜が皇室の祖神であることが示された。

その正統の血筋を引き継ぐ「天津日継《あまつひつぎ》（日嗣）の御子《みこ》」が、五神の長男のアメノオシホミミ命である。そして、その息子のニニギ命は、有名な天孫降臨神話の主役として葦原中国《あしはらのなかつくに》に降って地上の王権を確立し、その血筋が日本の皇室の始祖である初代天皇神武《じんむ》につながっていくのである（第六章参照）。

また、二男のアメノホヒ命や三男のアマツヒコネ命は、各地の古代有力氏族の祖神《おやがみ》とされている。つまり、天皇家とそれを支える氏族との血縁関係がアマテラス大神の子どもたちによって示されているのである。

本章では、アマテラス大神が生んだ五神の長男であるアメノオシホミミ命から紹介していくことにしたい。

天忍穂耳命《あめのおしほみみのみこと》

⇩アマテラスの長男。天孫ニニギの父

【別称】正勝吾勝勝速日天忍穂耳命《まさかあかつかつはやひあめのおしほみみのみこと》、正哉吾勝勝速日天忍穂耳尊《まさかあかつかつはやひあめのおしほみみのみこと》
【神格】稲穂の神、農業の神

アマテラス直系の皇統の祖

アメノオシホミミ命は、天の安河原で、アマテラス大神がスサノオ尊と誓約《うけい》をしたときに生まれた五人の男神のうちの最初に現れた神である。

『古事記』では、この神は、アマテラス大神の左の角髪《みずら》（左右に分けた髪を耳元で輪にして束ねるヘアスタイル）に巻いた玉飾りの玉を取って、スサノオ尊が噛み砕いて吹き出した霧から生まれたとある。

アマテラスの長男のアメノオシホミミ命は、いわゆる「天津日嗣《あまつひつぎ》の御子（天皇の位を受け継ぐ御子。皇太子）」であり、皇祖神であるアマテラス大神の直系の血筋を引き継ぐことから、皇統の祖とされる。

のちに、タカミムスビ神（高木神）の娘タクハタチヂヒメ命（54ページ）を妻として、アメノホアカリ命とニニギ命の二人の子をもうけた。

アメノホアカリ命は、古代の有力豪族・尾張氏の祖とされる神である。ニニギ命は天孫降臨神話の主役として有名で、のちに日向《ひゅうが》三代の初代として活躍する。ちなみにタクハタチヂヒメ命の兄は天岩戸神話で活躍したオモイカネ神である。

名前の「ホ」は、稲穂のことで、「ミミ」は実をたわわに実らせて首《こうべ》を垂れる稲穂（あるいは、ふくよかな耳たぶの連想とも）を表すと解釈されている。いずれにしても、「立派に実った稲穂」を讃える神名である。

また、この神には、「マサカアカツカツハヤヒアメノオシホミミ命（正勝吾勝勝速日天忍穂耳命）」という長たらしい正式名がある。その由来は、アマテラス大神との誓約に勝った（邪心がないことが証明された）スサノオ尊が、喜びのあまり「まさにわれ勝てり、勝つこと昇る日のごとく速し」と叫んだことからつけられたという。

◎ご利益　農業・工業・鉱山守護、商売繁盛、開運厄除け、入学・就職・結婚など諸願成就

◎**主な神社**　英彦山《ひこさん》神宮（福岡県田川郡添田町）／石手堰《いわてい》神社（岩手県奥州市水沢）／木《き》幡《ばた》神社（栃木県矢板市木幡）／深川神社（愛知県瀬戸市深川町）／阿賀《あが》神社（滋賀県東近江市小脇町）／許波多《こはた》神社（京都府宇治市五ケ庄《ごかしょう》）／勝手神社（奈良県吉野郡吉野町）／二宮神社（兵庫県神戸市中央区）／天之忍穂別《あめのおしほわけ》神社（高知県香南市香我美《かがみ》町）／西《さ》寒多《さむた》神社（大分県大分市寒田）／多久頭魂《たくづたま》神社（長崎県対馬市厳原《いづはら》町）／新田《にった》神社（鹿児島県薩摩川内市宮内町）など

天《あめ》穂《ほ》日《ひ》命《のみこと》

⇩アマテラスの二男。高天原の最初の使者

【別称】天之菩卑能命《あめのほひのみこと》、天之菩比神《あめのほひのかみ》
【神格】稲穂の神、絹糸・木綿の神

オオクニヌシに心服して使命を放棄

アメノホヒ命は、アメノオシホミミ命の次に生まれたアマテラス大神の二男である。天の安河原の誓約のときに、スサノオ尊がアマテラス大神の右の角髪《みずら》に巻かれた玉飾りの玉を取って噛み砕き、吹き出した霧から生まれたとされる。

神名の「ホ」は稲穂、「ヒ」は火を意味し、生命力が火のように燃え盛る秀《ひい》でた稲穂を表している。

『古事記』によれば、国譲りのときに、アマテラス大神の命で、地上の支配者であるオオクニヌシ命に、統治権譲渡を迫るための最初の交渉役としてアメノホヒ命が派遣された。ところが、アメノホヒ命はオオクニヌシ命に会うと逆に心服してしまい、使命を放棄して

しまった。

このように、『古事記』では命令に違反する意志薄弱な不忠者のイメージが強いのだが、一方で、アメノホヒ命には出雲国の有力豪族・出雲氏の祖神というもう一つの顔がある。こちらでは、きちんと使命を完遂《かんすい》した偉大な神として描かれている。

出雲氏は、古代に出雲東部を本拠とした一族で、ヤマト王権に服属してからは出雲臣《いずものおみ》と呼ばれ、代々出雲国造《いずものくにのみやつこ》を務めて勢力を振るった。その出雲氏に関係する『出雲国造神賀詞《いずものくにのみやつこのかむよごと》』には、アメノホヒ命が、アマテラス大神から悪神を平定するよう命じられたと記されている。

地上に派遣されたアメノホヒ命は、各地を駆け巡ってその様子をアマテラス大神に報告し、さらに息子のアメノヒナドリ命（天夷鳥命《あめのひなどりのみこと》）と剣神フツヌシを派遣して、みごとに地上の乱れを収めたという。

『古事記』では、アメノヒナドリ命は、出雲・武蔵・下総《しもうさ》・上総《かずさ》・対馬・近江などの国造の祖であると書かれていて、アメノホヒ命の血筋が各地に広がっていることが示されている。この神の十四世の孫は相撲の始祖として知られる野見宿禰《のみのすくね》（土師《はじ》氏の祖）で、後世の学問の神・天神様の菅原道真の遠祖もまたアメノホヒ命とされる。

◎ご利益　農業守護、国土開発、産業振興、出世開運、商売繁盛など

◎主な神社　馬見岡綿向《うまみおかわたむき》神社（滋賀県蒲生郡日野町）／菅原神社（新潟県上越市清里区）／亀戸天神社《かめいどてんじんしゃ》（東京都江東区亀戸）／深川神社（愛知県瀬戸市深川町）／天穂日命《あめのほひのみこと》神社（京都府京都市伏見区）／道明寺《どうみょうじ》天満宮（大阪府藤井寺市道明寺）／芦屋神社（兵庫県芦屋市東芦屋町）／能義《のき》神社（島根県安来《やすぎ》市能義町）／太宰府《だざいふ》天満宮摂社天穂日命社（福岡県太宰府市宰府《さいふ》）／枚聞《ひらきき》神社（鹿児島県指宿《いぶすき》市開聞十町《かいもんじゅっちょう》）など

天津日子根命《あまつひこねのみこと》

⇩アマテラスの三男。日本各地の有力氏族の祖神

【別称】天津彦根命《あまつひこねのみこと》
【神格】木風の神、台風の神、雨乞いの神

二人の息子は刀鍛冶の神に

アマツヒコネ命は、天の安河原でのアマテラス大神とスサノオ尊との誓約のときに生まれたアマテラス大神の三男である。『古事記』には、スサノオ尊が大神の髪飾りの玉を取って、噛み砕いて吹き出した霧から生まれたとある。

アマツヒコネ命には息子が二人あり、それが刀鍛冶の祖神のアメノミカゲ命（天之御影命）と鍛冶の神として知られるアメノマヒトツ命である（179ページ）。この二神については同神説もある。

アマツヒコネ命の「ヒコネ（日子根）」は、この神が日の神（太陽神）の血筋であることを意味し、息子が鍛冶の神ということからも、日、または火に関係の深い神様であるこ

とがわかる。一般には、農業の神、台風の神などとして古くから信仰を集めている。

アマツヒコネ命の次に、アマテラス大神の左手に巻いた玉飾りの玉から生まれたのが四男のイクツヒコネ命（活津日子根命）である。「イクツ（活津）」とは、活き活きと栄える様子を表したもので、兄神の名を受けて名づけられたものだろう。ただし、『古事記』には詳しい事績は書かれていない。

アマツヒコネ命は、古代のヤマト王権を支えた各地の有力氏族が祖神として崇《あが》めた神である。記紀には、この神が河内《かわち》（大阪府南東部）、北茨城、常陸《ひたち》（茨城県北東部）、大和（奈良県）、山城《やましろ》（京都府南部）、上総（千葉県中央部）、周防《すおう》（山口県東部）、近江《おうみ》（滋賀県）などの各地の国造の祖とあり、アマテラス大神の血筋が近畿から関東まで広がっていたことを示している。

◎ご利益　農業・漁業・金属工業守護、産業開発、風難（台風）・水難・火難除けなど

◎主な神社　多度《たど》大社（三重県桑名郡多度町）／荒木神社（静岡県伊豆の国市原木《ばらき》）／比《ひ》都佐神社《つき》（滋賀県蒲生郡日野町）／桑名宗社《くわなそうしゃ》（三重県桑名市本町）／高市御縣神社《たけちのみあがた》（奈良県橿原市《かしはら》四条町）／室津《むろつ》神社（高知県室戸市室津）／深川神社（愛知県瀬戸市深川町）／北岡神社（熊本県熊本市西区）など

邇邇芸命《ににぎのみこと》

⇩アマテラスの孫。天孫降臨神話の主役

【別称】瓊瓊杵尊《ににぎのみこと》、天邇岐志国邇岐志天津日高日子番能邇邇芸命《あめにぎしくににぎしあまつひこひこほのににぎのみこと》、天津彦彦火瓊瓊杵尊《あまつひこひこほのににぎのみこと》
【神格】稲穂の神（穀霊）、農業神、五穀豊穣の神

息子の孫は初代天皇神武

ニニギ命は、アマテラス大神の長男アメノオシホミミ命の二男である。母は、根源神のタカミムスビ神（高木神）の娘のタクハタチヂヒメ命で、兄は古代の豪族・尾張氏の祖のアメノホアカリ命である。

「天孫ニニギ」とも通称されるこの神は、天孫降臨神話の主役として有名だ。

アマテラス大神はニニギ命の父親のアメノオシホミミ命に、「以前に頼んだ通りに、地上に降って葦原中国《あしはらのなかつくに》を治めなさい」と命じたが、アメノオシホミミ命は、息子のニニギ

命にこの大役を譲った。こうしてニニギ命は、地上の国土の統治者となって王家（皇室の前身）を開き、山の神オオヤマヅミ神の娘のコノハナサクヤヒメ命（196ページ）を妻として、ホデリ命（海幸彦《うみさちひこ》）、ホスセリ命、ホオリ命（山幸彦《やまさちひこ》）の三人の息子をもうけた。

このうち、ホオリ命は、皇祖神アマテラス大神の正統な後継者として別名をヒコホホデミ命（201ページ）といい、その孫が日本の皇室の始祖とされる初代天皇・神武となる。つまり、ニニギ命は、神武天皇の曽祖父ということになる。

「ニニギ」とは、稲穂がにぎにぎしく成熟するという意味で、ニニギ命の性格は、生き生きとした穀物の霊である。『古事記』には本名をアメニギシクニニギシアマツヒコヒコホノニニギ命、『日本書紀』にはアマツヒコヒコホノニニギ命とある。「ニギシ」とは、豊かなことを表す「饒《じょう》」を意味し、「ヒコヒコ（日高日子）」は日の神（アマテラス大神）の御子が空高く照り輝くことを意味している。

天孫降臨神話のテーマは、一つにアマテラス大神の孫が地上の統治者となって歴代天皇の祖先となったこと。もう一つは、天から稲種がもたらされ、地上の稲作の起源になったことである。

地上に向けて出発するとき、ニニギ命はアマテラス大神から天位継承の象徴である三種

の神器《じんぎ》（八咫鏡《やたのかがみ》、八尺瓊勾玉《やさかにのまがたま》、草薙剣《くさなぎのつるぎ》）と、高天原で栽培した神聖な稲穂を授かった。

そして多くの随伴神を従えて、幾重にも重なる雲を押し分けて、日向《ひゅうが》の高千穂《たかちほ》の峰（宮崎県と鹿児島県の一部）に降り立ち、そこに宮殿を建てて住み、地上の葦原中国を統治したのである。

◎ご利益　五穀豊穣、畜産守護、家内安全、子孫繁栄、安産、開運、厄除けなど

◎主な神社　霧島神宮（鹿児島県霧島市霧島田口）／熱日高彦《あつひたかひこ》神社（宮城県角田市島田）／天津神社（新潟県糸魚川市一の宮）／築土《つくど》神社（東京都千代田区九段北）／箱根神社（神奈川県足柄下郡箱根町）／射水《いみず》神社（富山県高岡市古城《こじょう》）／富士山本宮浅間大社（静岡県富士宮市宮町）／高千穂神社（宮崎県西臼杵《うすき》郡高千穂町）／鵜戸《うど》神宮（宮崎県日南市宮浦）／新田《にった》神社（鹿児島県薩摩川内市宮内町）など

⇩アマテラスの孫。日本の金属文化の源

天目一箇命《あめのまひとつのみこと》

【別称】天之麻比止都禰命《あめのまひとつねのみこと》、天之久斯麻比止都命《あめのくしまひとつのみこと》、金屋子神《かなやごかみ》
【神格】金工・鍛冶の神、台風の神

地上に鍛冶の技術をもたらす

アメノマヒトツ命は、アマテラス大神の三男のアマツヒコネ命の息子である。さらに、この神の兄弟または同神ともされるのが、やはり鍛冶の神であるアメノミカゲ命だが、この神は刀鍛冶の守護神に特化した信仰がある。

『日本書紀』一書《あるふみ》の「国譲り」の場面では、アメノマヒトツ命が作金者《かなだくみ》（金属の細工をする職人）として登場する。

『古事記』の天岩戸神話では、アマテラス大神を岩戸から誘い出す祭りの際に、祭具の刀剣類や斧、鉄鐸《さなぎ》（鉄製の大きな鈴）を作った鍛人《かぬち》（鍛冶職人）のアマツマラ（天津麻羅）という呼び名で登場する。同様の記述は『古語拾遺』にもある。

その後、アメノマヒトツ命は、ニニギ命の天孫降臨に随伴して地上に降り、筑紫・伊勢両国の忌部《いんべ》氏の祖神となったという。地上に鍛冶の技術をもたらしたこの神は、日本の金属文化の源流といえる存在なのである。

この神の「一つ目」の由来については諸説あるが、鍛冶職人が鉄を鍛えるときに片目を閉じて作業をする、あるいはタタラ師（砂鉄から鉄を精錬する職人）が炉の火色を片目で見て温度を判断したことによるといわれる。

また、タタラ師や鍛冶屋の信仰する金屋子《かなやご》神社（島根県雲南市）に祀られているカナヤゴ神（金屋子神）と同神とする説もある。

◎ご利益　鍛冶・金属工業・農漁業守護、眼病平癒など

◎主な神社　多度《たど》大社別宮一目連《いちもくれん》社（三重県桑名郡多度町）／伊須流岐比古《いするぎひこ》神社（石川県鹿島郡中能登町）／金山《かなやま》神社（愛知県名古屋市熱田区金山町）／生國魂《いくくにたま》神社末社 鞴《ふいご》神社（大阪府大阪市天王寺区）／竹田神社（滋賀県東近江市鋳物師町）／天目一《あめのまひとつ》神社（兵庫県西脇市大木町）／菅田《すがた》神社（兵庫県小野市菅田）／菅田神社（奈良県大和郡山市八条町）／金屋子神社（島根県雲南市吉田町）／金屋子神社（島根県飯石郡飯南町）／薄野一目《うすのひとつめ》神社（熊本県山鹿《やまが》市久原《くばる》）など

天火明命《あめのほあかりのみこと》

⇩アマテラスの孫。尾張徳川家が崇敬

【別称】火明命《ほあかりのみこと》、天照国照彦火明尊《あまてるくにてるひこほあかりのみこと》、天糠戸命《あめのぬかどのみこと》（天抜戸命）

【神格】稲穂の神、太陽神、農業神、鍛冶の神

農業と鍛冶の血統

アメノホアカリ命は、アマテラス大神の長男のアメノオシホミミ命が、タクハタチヂヒメ命を妻として生んだ子である。アマテラス大神の孫にあたり、弟は天孫ニニギ命である。

『古事記』では、この神に関して、アマテラス大神の孫という系譜が示されているだけで、詳しい素顔は語られていない。そのせいか、海幸彦・山幸彦（ヒコホホデミ命）と兄弟とされたり、ニギハヤヒ命（183ページ）と同神とされたり、何かと謎が多い神様である。

その性格ではっきりしているのは、アメノホアカリ命は祖母アマテラス大神の太陽神・農業神の血筋を継いでいるということだ。アメノホアカリの「ホ」は稲穂の「穂」で、本

居宣長は「ホアカリ」とは「穂赤熟《ほあかり》」の意味としている。

アメノホアカリ命のもう一つの性格が、鍛冶の血筋である。江戸後期の国学者・神道家の平田篤胤《あつたね》は、アメノホアカリ命の別名をアメノヌカド命（天糠戸命）としているが、「糠土」は鋳造《ちゅうぞう》で用いる鋳型《いがた》を意味する。つまり、アメノヌカド命＝アメノホアカリ命は、同じくアマテラス大神の孫にあたるアメノミカゲ命やアメノマヒトツ命（179ページ）と同様に、鍛冶・金属鋳造に関わる神様ということである。

なお、アメノホアカリ命の本名は、アマテルクニテルヒコホアカリ尊（天照国照彦火明尊）といい、『新撰姓氏録《しんせんしょうじろく》』では、尾張地方の有力豪族・尾張氏など、この神を祖とする氏族を「天孫族」としている。

◎ご利益　五穀豊穣、殖産興業、開運厄除け、子孫繁栄、家内安全、諸病平癒など

◎主な神社　真清田《ますみだ》神社（愛知県一宮市真清田）／元伊勢籠《この》神社（京都府宮津市大垣）／天照《あまてる》神社（兵庫県竜野市竜野町）／絹巻《きぬまき》神社（兵庫県豊岡市気比《けひ》）／天照玉命《あまてるたまのみこと》神社（京都府福知山市今安）／陽夫多《やぶた》神社（三重県伊賀市馬場）／周敷《すふ》神社（愛媛県西条市周布《しゅう》）／伊勢天照御祖《いせあまてらすみおや》神社（福岡県久留米市大石町）など

饒速日命《にぎはやひのみこと》

⇩アマテラスの孫。アメノホアカリと同神？

【別称】天照国照彦天火明櫛玉饒速日《あまてるくにてるひこあめのほあかりくしたまにぎはやひ》命《のみこと》、邇芸速日命《にぎはやひのみこと》、櫛玉命《くしたまのみこと》
【神格】太陽神、穀霊神

神武の東征以前に大和に降臨

ニギハヤヒ命は、『先代旧事本紀《せんだいくじほんぎ》』によると、父がアマテラス大神の長男のアメノオシホミミ命、母がタカミムスビ神の娘のタクハタチヂヒメ命とある。アマテラス大神の孫にあたり、同じ父母を持つニニギ命、アメノホアカリ命とは兄弟関係にある神である。

また、ニギハヤヒ命の本名が「天照国照彦天火明櫛玉饒速日命《あまてるくにてるひこあめのほあかりくしたまにぎはやひのみこと》」、アメノホアカリ命の本名が「天照国照彦火明尊《あまてるくにてるひこほあかりのみこと》」ということで、両者の表記に共通部分が多いことから同神とする説もある。

記紀神話では、神武天皇（カムヤマトイワレビコ命）と兄たちがまだ九州の日向にいた頃、ニギハヤヒ命はいち早く天《あま》の磐船《いわふね》に乗って大和に降臨し、ナガスネヒコ（大和地方の

土豪）の妹のトミヤビメ命と結婚して息子のウマシマジ命（宇摩志麻遅命）をもうけていた。

その後、神武天皇が東征してナガスネヒコと激戦を繰り広げていたとき、ニギハヤヒ命は神武に会いに行き、自分が天上の天津神《あまつかみ》の子であることを証明する宝物（天津瑞《あまつしるし》）を献上し、臣従を誓ったという。

同様の表記が『先代旧事本紀』にもあり、ニギハヤヒ命が、死者を蘇らせる呪力があるとされる伝来の秘宝・十種神宝《とくさのかんだから》（天璽瑞宝十種《あまつしるしのみずたからとくさ》）を携えて、天の磐船に乗って天降《あまくだ》り、それを息子のウマシマジ命が神武天皇に献上したと伝えている。ここでは宝物を献上したのは、ニギハヤヒ命ではなく、ウマシマジ命になっている。

ウマシマジ命を祖とする物部《もののべ》氏は、こうした先祖の系譜を継ぎ、ヤマト王権の軍事・警察部門だけでなく、天皇の健康保全のための呪術的祭祀の司祭も職掌していた。

◎ご利益　諸願成就、病気治癒、社業繁栄、開運、勝運など

◎主な神社　物部神社（島根県大田市川合《かわい》町）／唐松山天日宮《からまつさんあまつひのみや》（秋田県大仙市協和境）／石船《いわふね》神社（新潟県村上市岩船三日市）／稲村神社（茨城県常陸太田市天神林町）／

物部天神社《もののべてんじんしゃ》（埼玉県所沢市小手指《こてさし》元町）／越智神社（長野県須坂《すざか》市幸高《こうたか》）／天照玉命《あまてるたまのみこと》神社（京都府福知山市今安）／石切剣箭《いしきりつるぎや》神社（大阪府東大阪市東石切町）／磐船《いわふね》神社（大阪府交野《かたの》市私市《きさいち》）／矢田坐久志玉比古《やだにますくしたまひこ》神社（奈良県大和郡山市矢田町）など

天香山命《あめのかぐやまのみこと》

⇩アマテラスの曽孫。神武天皇の命の恩人

【別称】天香具山命《あめのかぐやまのみこと》、天香語山命《あめのかごやまのみこと》、高倉下命《たかくらじのみこと》
【神格】農業神、開拓神、倉庫の神

越後の開拓神として活躍

アメノカグヤマ命は、アマテラス大神の曽孫、つまり、大神の長男アメノオシホミミ命の息子アメノホアカリ命の子である。

名前の「天香山」は天上にある山のことで、『日本書紀』では、この神は天孫降臨のとき、叔父のニニギ命に従って地上に降り、紀伊国（和歌山県）の熊野に住んだという。

『古事記』では、アメノカグヤマ命は別称のタカクラジ命（高倉下命）の名で登場し、神武天皇が東征の際に、熊野山中で大熊（荒ぶる山の神）の毒気で失神したとき、高天原のアマテラス大神とタカミムスビ神の命を受けた軍神タケミカヅチ命が、タカクラジ命に霊剣・布都御魂剣《ふつのみたまのつるぎ》を下した。タカクラジ命はその霊剣を天皇に献じて危難を救う功績をあ

げたという。

その後、アメノカグヤマ命は、神武天皇即位四年に、勅命により越後国（新潟県）に移り、その地の開拓神として活躍し、のちに弥彦《やひこ》神社に祀られた。

父のアメノホアカリ命が熟れた稲穂の神霊で、その弟のニニギ命が生き生きとした穀物の霊という血筋から、アメノカグヤマ命の基本的な性格はアマテラス大神の血を引く稲霊《いなだま》（稲の精霊）ということになる。

また、別名の「タカクラジ（高倉下）」とは、神を祀る高い倉の主の意味で、豊かに実って収穫された穀物を貯蔵する倉蔵を守る神ということで、倉庫の神として祀られている。

◎ご利益　農漁業・倉庫業守護、子育て、家内安全、産業興隆など
◎主な神社　弥彦神社（新潟県西蒲原《かんばら》郡弥彦村）／香山《かごやま》神社（福井県大飯郡高浜町）／見目《みるめ》神社（静岡県裾野市麦塚）／熱田神宮境外摂社高倉結御子《たかくらむすびみこ》神社（愛知県名古屋市熱田区）／高倉神社（三重県伊賀市西高倉）／竹田神社（奈良県橿原《かしはら》市東竹田町）／熊野速玉《はやたま》大社摂社神倉神社（和歌山県新宮市神倉）／伊福部神社（兵庫県豊岡市出石町）／田村神社（香川県高松市一宮町）など

石凝姥命《いしこりどめのみこと》

⇩アマテラスの曽孫？ 八咫鏡の作者

【別称】伊斯許理度売命《いしこりどめのみこと》、石凝戸辺命《いしこりとべのみこと》
【神格】鏡作りの神、金属加工の神、鋳造の神

美の神として人気

イシコリドメ命は天岩戸の前に集った神々の一神であるが、その出自については鏡作連《かがみつくりのむらじ》の遠祖・アメノヌカド神（アメノホアカリ命。182ページ）の娘とされている。

父神のアメノヌカド神は、『先代旧事本紀』によると、ニギハヤヒ命に従って天降って鏡作連の祖となったとあるが、この二神の親娘関係以外の詳しい血筋は不詳だ。

ただ、イシコリドメ命の父アメノヌカド神のそのまた父はアマテラス大神の三男アマツヒコネ命だから、これに従えば、イシコリドメ命はアマテラス大神の曽孫で、天孫系の神様ということになる。

また、平田篤胤は、アメノヌカド命をアメノホアカリ命（181ページ）と同神として

いる。それに従えば、イシコリドメ命はアメノホアカリ命の娘になるが、あくまでもはっきりしているのは鏡作りの神アメノヌカド神の娘という血筋である。

イシコリドメ命は三種の神器の一つとして有名な八咫鏡《やたのかがみ》を作った神で、神名の「石凝《いしこり》」は、石を利用した鋳型に溶鉄を流し込んで凝固させて鏡を作る工程から連想されたものである。八咫鏡は神社の御神体の鏡のルーツとされている。

イシコリドメ命は、『古事記』の天岩戸の場面に登場し、オモイカネ神の指揮のもとに、天岩戸の洞窟に隠れたアマテラス大神を誘い出す祭りのために、太玉串を飾る八咫鏡を作ったという。

『日本書紀』一書《あるふみ》の一では、オモイカネ神がイシコリドメ命を金工《かなだくみ》（金属を細工する職人）に指名して、天香具山《あめのかぐやま》の鉄で日矛《ひぼこ》（立派な矛）を作らせたという。日矛とは、鏡と同じ機能を持つ呪物（祭具）である。こうしてイシコリドメ命は、銅鏡や銅矛の製造を職業とした金工の祖神として崇敬されるようになった。

のちに、イシコリドメ命はニニギ命の天孫降臨のときに、職業の祖神の五伴緒神《いつとものおのかみ》（五《いつ》部神《とものおのかみ》）の一神として地上に降った。この際にアマテラス大神は三種の神器の一つとして八咫鏡をニニギ命に授け、随伴した五部神たちに、「この鏡をわが魂そのものと思い、

私自身に奉仕するように大事に祀りなさい」と申し渡したという。

なお、鏡は、昔から女性の美容と密接に関係してきた。そのため、イシコリドメ命は鏡を作る女神ということで、今日では美の神としても信仰され、技術の向上をめざす美容師や化粧品関係者からの祈願を受けている。

◎ご利益　無病息災、火難除け、鉄鋼・金物業・農業守護、産業開発、延命長寿、美容など

◎主な神社　中山神社（岡山県津市一宮）／神部《かんべ》神社（山梨県南アルプス市若草寺部）／荒石比古《あらいしひこ》神社（石川県七尾市川尻町）／生國魂《いくくにたま》神社摂社 鞴《ふいご》神社（大阪府大阪市天王寺区）／鏡作坐天照御魂《かがみつくりにますあまてるみたま》神社（奈良県磯城《しき》郡田原本《たわらもと》町）／鏡作神社（奈良県磯城郡三宅町）／日前《ひのくま》神宮・国懸《くにかかす》神宮（和歌山県和歌山市秋月）／三宅神社（宮崎県西都市三宅）など

第六章

アマテラスの末裔と親族たち

地上で繰り広げられる新たな神々のドラマ

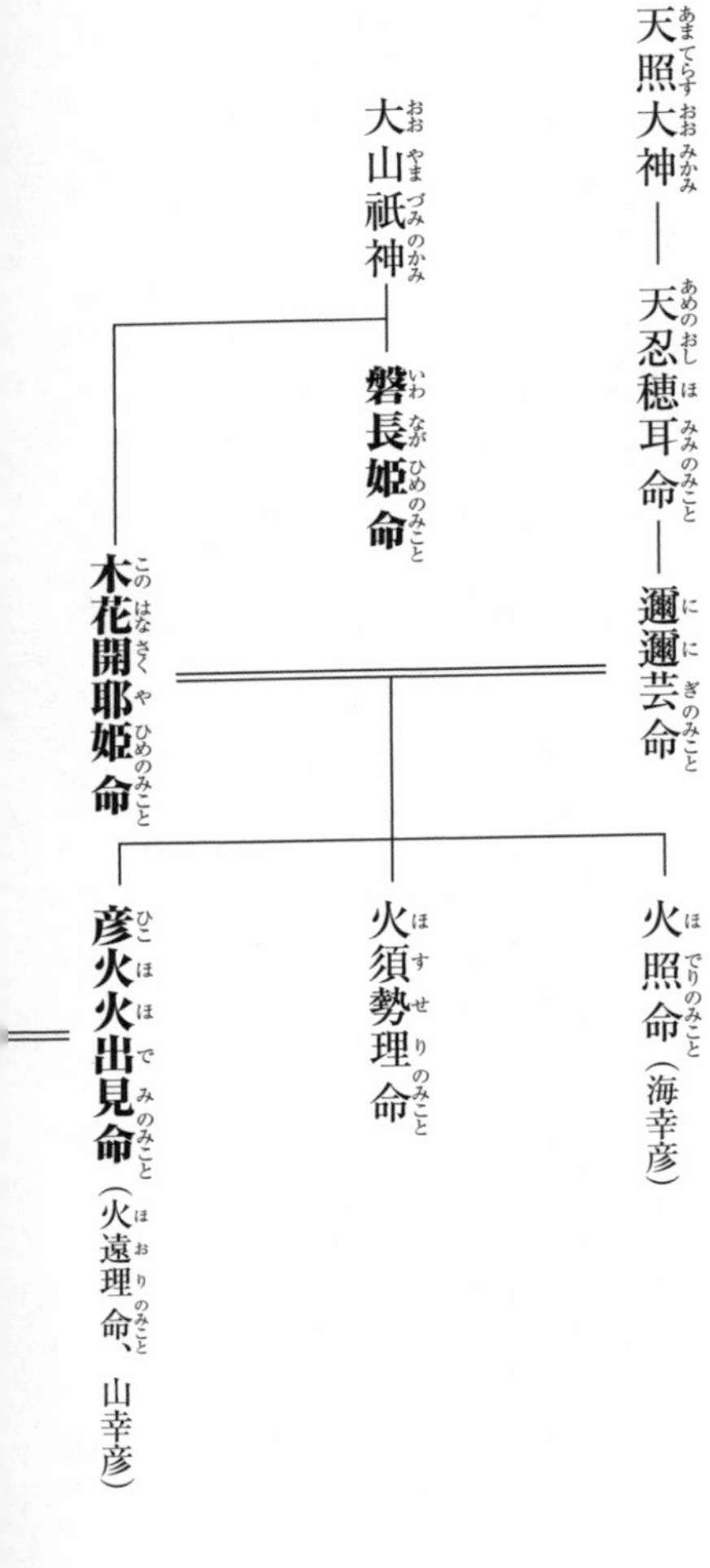

※太字が本章で紹介している神様

～第六章　アマテラスの末裔と親族たち～

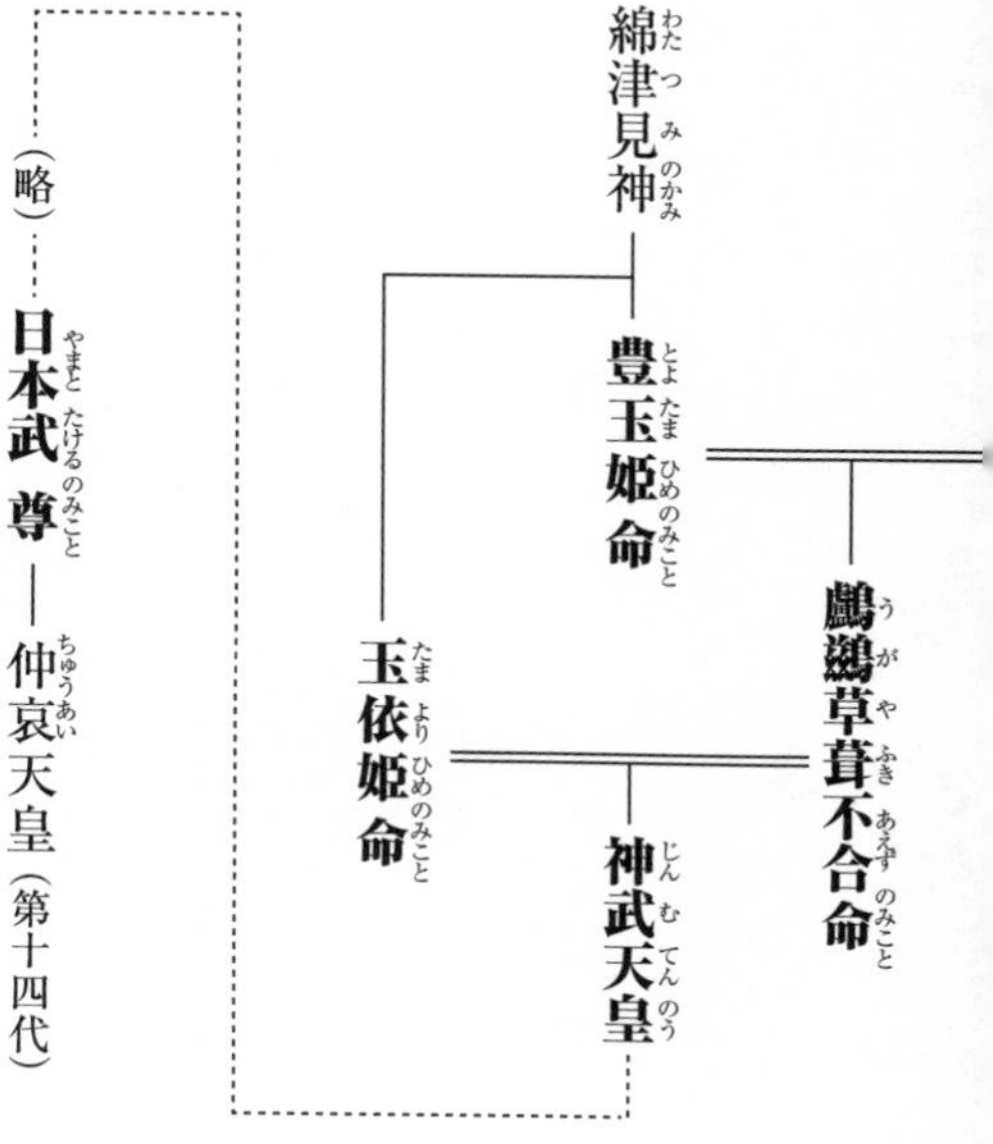

地上で繰り広げられる新たな神々のドラマ

天上の高天原《たかまがはら》に住む神々（天津神《あまつかみ》）と地上の神々（国津神《くにつかみ》）とは、もともと別の秩序のなかで活動していた。

記紀神話によると、天孫降臨前の地上の葦原中国《あしはらのなかつくに》は、「悪霊が跋扈《ばっこ》して騒がしい国（乱暴な国津神がいっぱいいる国）」だった。オオクニヌシ命《のみこと》がこの国を統治していたが、アマテラス大神《おおみかみ》は天上のみならず、地上へもその支配を広げようとし、「あの国は私の息子のアメノオシホミミ命が統治すべきです」と言い出した。

そして、高天原の最高司令神であるアマテラス大神やタカミムスビ神《のかみ》（高木神。この神が皇室の祖神とする説もある）が仕掛けた葦原中国平定と国譲りという計画の成功を経て、高天原の統治権が地上に及ぶことになった。

こうして高天原と地上の神々の世界が緊密に結びつけられることになったが、そのドラマのハイライトが天孫降臨である。

ニニギ命は、降臨の途中で国津神のサルタヒコ命に出迎えられ、道案内を受けながら、日向国の高千穂《たかちほ》の峰に降り立ち、そこに宮殿を建て、葦原中国の統治を始めた。

ニニギ命からその孫のウガヤフキアエズ命にいたる、いわゆる「日向三代神話」と呼ばれる物語は、皇統という一本の血筋にそって展開される、新たな神々によるドラマである。系図的には、天津神ニニギ命と結婚する国津神の娘コノハナサクヤヒメ命とその御子から物語が始まる。

天上と地上の神々が交錯する新たなドラマの大きな特徴は、愛情や嫉妬、妬《ねた》み、恨みといった人間的な感情がよく表れているところだといえよう。

ドラマの中心的なテーマは、国土の豊かさを実現する豊饒や子孫繁栄である。それを象徴するのがニニギ命とコノハナサクヤヒメ命との結婚、その御子と国津神の海神《わたつみのかみ》の娘との結婚などのエピソードである。

そうした神聖な結婚によって生まれた子ども（皇孫＝アマテラス大神の子孫）の血筋は、日本の皇室の始祖とされる初代天皇・神武《じんむ》へとつながっていく。

木花開耶姫命《このはなさくやひめのみこと》

⇩ニニギの妻。天津神と結婚した山の神の娘

【別称】木之花佐久夜毘女命《このはなさくやひめのみこと》、木花知流比売命《このはなちるひめのみこと》、神阿多都比売命《かみあたつひめのみこと》、浅間大神《あさまのおおかみ》、酒解子神《さけとけのこのかみ》

【神格】木の花の神、富士山の神、酒造の神、神母、子安神

壮絶な火中出産

コノハナサクヤヒメ命は、日本の山の神の総元締めオオヤマヅミ神《のかみ》の娘で、姉はイワナガヒメ命《のみこと》である。

この女神は、高天原から降臨して葦原中国の統治をはじめたニニギ命と結婚して日継《ひつ》ぎの御子《みこ》（太陽神アマテラス大神の子孫）を生んだ神母とされている。

『古事記』によれば、ニニギ命が笠沙《かさ》の岬（鹿児島県南西部）でコノハナサクヤヒメ命を見初《みそ》めたのが最初の出会いという。

コノハナサクヤヒメ命はニニギ命との一夜の契りで妊娠する。ところが、夫から「誰かほかの国津神の子だろう」と疑われたことに憤慨し、潔白を証明するために産屋の出入り口を塞いでこもり、「無事に出産したら天孫の子です」と言って自ら火をつけた。そして燃え盛る炎の中で三人の子を無事出産した。

これが有名な火中出産のエピソードで、この女神の強靭な母性パワーが、のちに古くからの民間信仰である安産・子育てを願う子安信仰と結びつき、子安神として広く信仰されるようになった。

こうして生まれたのが、ホデリ命（火照命。海幸彦）、ホスセリ命（火須勢理命）、ヒコホホデミ命（彦火火出見命。山幸彦。201ページ）で、そのうちヒコホホデミ命は、海宮《わたつみのみや》（竜宮城とも呼ばれる海神《わたつみのかみ》の宮殿）への訪問などの苦難と冒険を経て、陸と海を合わせた統治者となり、皇孫の血筋の正当な後継者となった。次男のホスセリ命について詳しいことは一切不明だが、長男のホデリ命はのちにヒコホホデミ命に服従し、隼人《はやと》族（古代南九州に君臨した部族）の祖となった。

コノハナサクヤヒメ命は、別称を浅間大神《あさまのおおかみ》といい、日本のシンボルである富士山の神としてもよく知られている。この女神の火中出産↓火の神という連想が、火を噴く霊峰富

士と結びついたとする説もある。
また、コノハナサクヤヒメ命には酒造の神としての性格もあり、京都の梅宮《うめのみや》大社に酒解神《さけとけのかみ》・酒解子神《さけとけのこのかみ》の名で、父のオオヤマヅミ神とともに祀られていて、全国の酒造関係者の篤い崇敬を集めている。

◎ご利益　安産・子育て、家庭円満、火難消除、農・漁・酒造業守護、登山安全など

◎主な神社　富士山本宮浅間《せんげん》大社（静岡県富士宮市宮町）／子持《こもち》神社（群馬県渋川市中郷）／篠崎浅間神社（東京都江戸川区篠崎）／浅間《あさま》神社（山梨県笛吹市一宮町）／箱根神社（神奈川県足柄下郡箱根町）／皇大神宮所管社子安《こやす》神社（三重県伊勢市宇治館町）／梅宮大社（京都府京都市右京区）／當麻《たいま》山口神社（奈良県葛城市当麻）／都萬《つま》神社（宮崎県西都市大字妻）／霧島神宮（鹿児島県霧島市霧島田口）／その他各地の浅間神社、子安神社、山《やま》神社など

磐長姫命《いわながひめのみこと》

⇩コノハナサクヤヒメの姉。岩石の女神

【別称】石長比売命《いわながひめのみこと》
【神格】山の神、岩石の神、寿命長久の神

面食いのニニギに嫌われる

イワナガヒメ命は、コノハナサクヤヒメ命の姉で、父は山の神のオオヤマヅミ神である。妹のコノハナサクヤヒメ命は、天津神のニニギ命と結婚して日継ぎの御子のヒコホホデミ命を生んで神母となるが、姉は理由《わけ》あってニニギ命と結婚することができなかった。

その理由だが、『古事記』には、美しいコノハナサクヤヒメ命に一目ぼれしたニニギ命が、オオヤマヅミ神にコノハナサクヤヒメ命との結婚を申し込むと、大いに喜んだ父神は、天孫の繁栄を願って姉のイワナガヒメ命を一緒に献上した。ところが面食いのニニギ命は、容姿が醜い姉を嫌って、姉だけ返してしまったとある。

その扱いに失望したオオヤマヅミ神は、「姉妹を一緒に差し上げたのは、妹は天孫の繁

栄を願い、姉は天孫の命の永久不変を願ったもの。その心が通じず姉だけが返されたことで、天孫の寿命は木の花が散るようにはかなくなるでしょう」と嘆いたという。

名前の「磐《いわ》」は、「常磐《ときわ》」と同じく、岩のように変わらない＝永久・永遠の意味である。

また、『日本書紀』には、ニニギ命に嫌われたことを恨んだイワナガヒメ命は、妹のコノハナサクヤヒメ命が妊娠したとき、「わたしを選んでいれば、生まれる子は石《いわ》のように長い寿命を得られたのに、妹の子では木の花のごとくはかなく散るでしょう」と言ったという。ニニギ命へのきつい恨みの一言だが、寿命長久をつかさどる岩石の女神の本質を表す言葉といえよう。

◎ご利益　健康長寿、縁切り、縁結び、物事の持続・継続守護

◎主な神社　貴船《きふね》神社中宮結社《ゆいのやしろ》（京都府京都市左京区）／大室山浅間神社《おおむろやませんげん》（静岡県伊東市富戸《ふと》）／雲見浅間神社《くもみせんげん》（静岡県賀茂郡松崎町）／伊豆神社（岐阜県岐阜市切通《きりどおし》）／伊砂々《いささ》神社（滋賀県草津市渋川）／大将軍《たいしょうぐん》神社（京都府京都市北区）／磐長姫神社（兵庫県尼崎市武庫之荘《むこのそう》西）／石長姫《いわながひめ》神社（岡山県備前市香登《かがと》西）／銀鏡《しろみ》神社（宮崎県西都《さいと》市銀鏡）／その他各地の浅間神社など

彦火火出見命《ひこほほでみのみこと》

⇩ニニギの息子。海と山の統治権を獲得

【別称】天津日高日子穂穂手見命《あまつひこひこほほでみのみこと》、火遠理命《ほおりのみこと》、火折命《ほおりのみこと》、山幸彦《やまさちひこ》
【神格】穀霊、稲穂の神

火の中から生まれた稲穂の神

ヒコホホデミ命は、ニニギ命を父とし、母のコノハナサクヤヒメ命が猛火の中で生んだ三人の息子の末弟で、幼名をホオリ命という。

この神が、のちに海神《わたつみのかみ》の娘のトヨタマヒメ命と結婚して生んだ息子がウガヤフキアエズ命で、その子でヒコホホデミ命の孫にあたるのがカムヤマトイワレビコ命（神武天皇）である。

幼名の「ホオリ」は、『日本書紀』には「火折《ほおり》」とあり、燃え盛っていた炎が衰える様子を意味し、稲穂が実って頭《こうべ》を垂れる姿を象徴する。

ヒコホホデミ命の「ヒコ」は男性を、「ホホデミ」は稲の穂がたくさん出る姿の意味で、

この神が稲穂の神（穀霊《こくれい》）であることを示している。

また、漢字で「火火出見《ほほでみ》」と書くのは、この神が、母の火中出産で火の中から現れた故事から「火《ほ》」と「穂《ほ》」を結びつけ、稲穂の生育をイメージさせようとしたものだ。

また、別名の「天津日高日子穂穂手見命《あまつひこひこほほでみのみこと》」の「天津日高日子《あまつひこひこ》」は、天に輝く日を仰ぐように貴いことを表し、父のニニギ命の本名にも冠されている。

ヒコホホデミ命は、一般には「海幸《うみさち》・山幸《やまさち》神話」の主人公・山幸彦の別名で知られている。そのあらすじは、兄の海幸彦から借りた釣針を海に落として失くしてしまった山幸彦が、釣針を探しに海宮を訪問し、海神の娘トヨタマヒメ命と結婚する。そして、海神の助けで釣針を見つけだした山幸彦は、海神から潮満玉《しおみつたま》・潮乾玉《しおひるたま》という呪宝を授かって地上に戻り、兄と対決して降伏させ、地上の支配権を獲得する。

これはヒコホホデミ命が、皇祖神として海山両方の統治権を獲得したことを示す物語である。こうしてヒコホホデミ命は、皇孫の正当な後継者としての地位を確立した。

◎ご利益　農漁業守護、航海安全、縁結び、子宝・安産、商売繁盛、健康長寿など
◎主な神社　鹿児島神宮（鹿児島県霧島市隼人《はやと》町）／箱根神社（神奈川県足柄下郡箱根町）

／白羽《しろわ》神社（静岡県御前崎《おまえざき》市白羽）／若狭彦《わかさひこ》神社（福井県小浜《おばま》市竜前《りゅうぜん》）／大虫《おおむし》神社（福井県越前市大虫町）／梅宮大社（京都府京都市右京区）／豊玉姫《とよたまひめ》神社（佐賀県嬉野《うれしの》市嬉野町）／青島神社（宮崎県宮崎市青島）／和多都美《わだづみ》神社（長崎県対馬市豊玉町）など

豊玉姫命《とよたまひめのみこと》

⇩ヒコホホデミの妻。乙姫様のモデル

【別称】豊玉毘女命《とよたまひめのみこと》、豊玉媛命《とよたまひめのみこと》、乙姫神《おとひめがみ》
【神格】海の神、子宝・安産の神、祈雨・止雨の神

神武天皇の祖母であり伯母

トヨタマヒメ命は海神の娘で、ニニギ命の息子・ヒコホホデミ命（山幸彦）と結婚して、神武天皇の父になるウガヤフキアエズ命を生んだ。

妹はタマヨリヒメ命でウガヤフキアエズ命と結婚して神武天皇の母となる。

神名の「トヨ」は満ち足りていること、「タマ」は神霊を意味する「霊《たま》」のことで、偉大な霊能力を備えた巫女を表すとともに、見目麗《みめうるわ》しい女性の美称とも解釈される。

トヨタマヒメ命は、昔話に出てくる竜宮城の乙姫様のモデルとされる。乙姫様が浦島太郎を竜宮城へ招いて大いにもてなすという昔話は、「海幸・山幸神話」とほとんど共通する。

『古事記』の「海幸・山幸神話」では、失くした釣針を探しに海宮にやってきた山幸彦（ヒコホホデミ命）と結婚した海神の娘トヨタマヒメ命は、やがて身ごもり、夫のいる陸に行って出産したいと考えて、浜辺に屋根を鵜《う》の羽で葺《ふ》いた産屋《うぶや》を作ろうとするが、まだ屋根が葺き終わらないうちにウガヤフキアエズ命を生む。

しかし、出産のときに自分の正体（巨大なワニの姿）を夫に見られたのを恥じて、まだ生まれたばかりの赤子の息子を残して海神の国に帰ってしまった。それでも、夫を慕う気持ちと子どもへの愛は抑えがたく、妹のタマヨリヒメ命にわが子の養育を託したのである。

この話のお産の場面は、鶴の恩返しの『鶴女房』と同様に、世界各地の昔話の「異類婚《いるいこん》姻譚《いんたん》」に共通してみられる「見るなのタブー」の代表的な話として知られる。

◎ご利益　安産、子宝、子育て、縁結び、祈雨・止雨、農漁業守護、美白など

◎主な神社　海神《かいじん》神社（長崎県対馬市峰町）／白羽《しろわ》神社（静岡県御前崎市白羽）／若狭姫神社（福井県小浜市遠敷《おにゅう》）／赤日子《あかひこ》神社（愛知県蒲郡《がまごおり》市神ノ郷町）／豊玉姫神社（佐賀県嬉野市嬉野町）／和多都美《わたつみ》神社（長崎県対馬市豊玉町）／青島神社（宮崎県宮崎市青島）／鹿児島神宮（鹿児島県霧島市隼人町）など

鸕鷀草葺不合命《うがやふきあえずのみこと》

⇩ヒコホホデミの子。神武天皇の父

【別称】鵜葺草葺不合命《うがやふきあえずのみこと》、天津日高日子《あまつひこひこ》波限建鵜葺草葺不合命《なぎさたけ》
【神格】農業神、夫婦和合の神、安産の神

成人して母の妹と結婚

ウガヤフキアエズ命は、父が山の神ヒコホホデミ命、母が海の神の娘トヨタマヒメ命で、母の妹タマヨリヒメ命と結婚し、生まれた子の一人がのちの神武天皇である。

「ウガヤフキアエズ」という名は、母のトヨタマヒメ命が出産のために作った産屋に由来する（前項参照）。「鸕鷀草」とは鵜の羽を草（カヤ）として屋根を葺《ふ》くという意味で、「フキアエズ」はまだ葺き終わらないという意味だ。

『古事記』では、出産のときに自分の正体を夫に見られたことを恥じたトヨタマヒメ命が、育児放棄して海宮に帰ってしまい、代わりにウガヤフキアエズ命は母の妹のタマヨリヒメ命に養育され、成人するとタマヨリヒメ命と結婚したと書かれている。

皇室の祖神とされるニニギ命の三人の子どもたちには、いずれも穀物（稲）に関する名前（火＝穂）を持つが（火照命《ほでりのみこと》、火須勢理命《ほすせりのみこと》、火遠理命《ほおりのみこと》＝彦火火出見命《ひこほほでみのみこと》）、ニニギの孫のこの神だけにそれがないことが謎の一つになっている。その理由については、一説に、いわゆる記紀神話の最後に登場するこの神は、皇室の支配力の大きさを象徴するために、父ヒコホホデミ命の山と、母トヨタマヒメ命の海の霊力が合わさった特別な神格として考えられたともいわれる。

◎ご利益　豊作、夫婦和合、子宝、安産、開運、延命長寿など

◎主な神社　鵜戸《うど》神宮（宮崎県日南市宮浦）／鵜川神社（新潟県柏崎市宮場町）／菅生石部《すごういそべ》神社（石川県加賀市大聖寺《だいしょうじ》敷地）／知立《ちりゅう》神社（愛知県知立市西町）／日根《ひね》神社（大阪府泉佐野市日根野）／加知彌《かちみ》神社（鳥取県鳥取市鹿野町）／高野神社（岡山県津山市二宮）／宇閇《うえ》神社（香川県丸亀市綾歌《あやうた》町）／和布刈《めかり》神社（福岡県北九州市門司区門司）／宮崎神宮（宮崎県宮崎市神宮）など

玉依姫命《たまよりひめのみこと》

⇩ウガヤフキアエズの妻。神武天皇を生む

【別称】玉依毘女命《たまよりひめのみこと》、玉依日女命《たまよりひめのみこと》、玉依日売命《たまよりひめのみこと》
【神格】海の神、乳母《うば》の神

「タマヨリヒメ」がたくさんいる理由

神話伝承には、有名な三人の「タマヨリヒメ」がいるが、ここで紹介するのは、「海幸・山幸神話」に登場する美しい海神の娘のタマヨリヒメ命である。残る二人は、オオモノヌシ神の妻（三輪系）と、カモワケイカヅチ命の母（賀茂系）の「タマヨリヒメ」だ。

海神の娘のタマヨリヒメ命は、トヨタマヒメ命の妹である。

姉のトヨタマヒメ命が、ウガヤフキアエズ命を生んですぐに夫のヒコホホデミ命と離別し、実家の海宮に帰ってしまう。その姉から代わりに子の養育を頼まれたタマヨリヒメ命は、ウガヤフキアエズ命を大事に養育し、成人するとその妻となり、イッセ命、イナヒ命、ミケヌ命、ワカミケヌ命（カムヤマトイワレビコ命）という四人の子をもうけた。このう

ちの第四子のワカミケヌ命がのちの神武天皇となる。

　この故事から、養母の役目を無事に果たしたタマヨリヒメ命は、のちに乳母の神として信仰されるようになった。

「タマヨリ（玉依）」とは、霊依《たまより》（魂憑）からきたもので、「神霊が依《よ》り憑《つ》く」という意味。各地に同じ「玉依」の名を持つ女神が祀られていることから、「タマヨリヒメとは、神霊の依り憑く乙女（神に仕える巫女）をさす普通名詞」と解釈したのは民俗学者の柳田国男である。

　一説に、この女神は、八幡宮の祭神である八幡三座、すなわち応神天皇・神功《じんぐう》皇后・比《ひ》売神《めのかみ》のうちの比売神と同神ともいわれ、多くの八幡系の神社に比売神またはタマヨリヒメ命の名で祀られている。

◎**ご利益**　子宝、安産、縁結び、豊作豊漁、殖産興業、商売繁盛、開運・方位除けなど
◎**主な神社**　玉前《たまさき》神社（千葉県長生郡一宮町）／玉依比賣命《たまよりひめのみこと》神社（長野県長野市松代町）／白羽《しろわ》神社（静岡県御前崎市白羽）／加知彌《かちみ》神社（鳥取県鳥取市鹿野町）／龍王神社（山口県下関市吉見下）／筥崎宮《はこざきぐう》（福岡県福岡市東区）／高千穂神社（宮崎県西臼杵郡高千穂町）／霧島神宮（鹿児島県霧島市霧島田口）／その他各地の八幡宮など

神武天皇《じんむてんのう》

⇩ウガヤフキアエズの四男。第一代天皇

【別称】若御毛沼《わかみけぬ》命《のみこと》、豊毛沼《とよけぬ》命《のみこと》、神《かむ》倭《やまと》伊波礼毘古《いわれびこ》命《のみこと》、神日本磐余彦《かむやまといわれひこ》命《のみこと》、神日本磐余彦火火出見《かむやまといわれひこほほでみ》命《のみこと》

【神格】農業神、海の神

アマテラス大神の曽孫の孫

神武天皇は、天孫ニニギ命からみて曽孫《ひまご》、皇祖神アマテラス大神からみれば第五世代の子孫、つまり来孫《らいそん》（曽孫の孫、玄孫《やしゃご》の子ども）にあたる。

日本の皇室の始祖、すなわち第一代（初代）の天皇であり、「神武」は諡号《しごう》（死後の贈り名）である。生前の名は神《かむ》倭《やまと》伊波礼毘古《いわれびこ》天皇《のすめらみこと》で、『日本書紀』には、一二七歳で崩御したとある。

父がウガヤフキアエズ命、母がタマヨリヒメ命で、イツセ命、イナヒ命、ミケヌ命、ワカミケヌ命（カムヤマトイワレビコ命＝神武天皇）という四兄弟の末弟である。

『日本書紀』では、実名を祖父のヒコホホデミ命と同じく「彦火火出見《ひこほほでみ》」と呼ばれたとある。また、末弟が皇統の継承者となったパターンも祖父と同じである。

現在は、一般に家を継ぐのは嫡男（長子相続）だが、昔は、兄たちは成人すると独立して家を出ていき、最後まで残った末弟が家を継ぐ末子相続が普通だったことの反映と考えられている。

神武天皇は、記紀の東征伝説では、カムヤマトイワレビコ命と呼ばれ、『日本書紀』によると、四十五歳のときに、長兄のイツセ命と相談して「東方の美《よ》き国」を目指すことを決断。九州の日向から筑紫を経て瀬戸内海を東進し、最初に難波《なにわ》（現在の大阪市あたり）に上陸するが、ナガスネヒコの軍に阻まれた。

このときにイツセ命が戦死したが、『古事記』には、その前の航海の途中で、次兄のイナヒ命は母の住む海神の国へ行き、三番目の兄のミケヌ命は常世の国へ渡ったと記されている。

その後、神武天皇は南へ迂回して紀州の熊野に上陸。天津神《あまつかみ》の加護により危難を克服（186ページ「天香山命」の項参照）しつつ、吉野を経て北に進出して宿敵ナガスネヒコを征し、大和地方を平定した。紀元前六六〇年（皇紀元年）、大和の畝傍山《うねびやま》の麓の橿原《かしはら》

宮《のみや》で即位したという。

◎ご利益　開運、延命長寿、勝運、出世成功、大願成就、リーダーシップ祈願など

◎主な神社　橿原《かしはら》神宮（奈良県橿原市久米町）／大藏神社（新潟県胎内市下館《しもだて》）／大前《おおまえ》神社（栃木県栃木市藤岡町）／神武天皇社（埼玉県加須市新川通）／御嶽《みたけ》神社（東京都豊島区池袋）／道相《どうそう》神社（京都府南丹《なんたん》市美山町）／玉置《たまき》神社（奈良県吉野郡十津川村）／神島《こうのしま》神社（岡山県笠岡市神島外浦）／宮崎神宮（宮崎県宮崎市神宮）／鵜戸《うど》神宮（宮崎県日南市宮浦）など

日本武尊《やまとたけるのみこと》

⇩第十二代景行天皇の息子。悲劇の戦士

【別称】倭建命《やまとたけるのみこと》、倭男具那命《やまとおぐなのみこと》、日本童男命《やまとおぐなのみこと》、小碓命《おうすのみこと》
【神格】武神、農業神

ヤマト王権の勢力拡大に貢献

ヤマトタケル尊は、日本神話のスーパー戦士、武神であり、神社の祭神としては穀霊《こくれい》的性格を持つ農業神である。

父は第十二代景行《けいこう》天皇で、幼名をオウス命（小碓命《おうすのみこと》）という。『古事記』では、五人兄弟の三番目で、二番目の兄がオオウス命（大碓命）とある。また、『日本書紀』には、オオウス命とオウス命は双子として生まれたとしている。のちに戦士として活躍するようになるとヤマトタケル尊を名乗った。

『古事記』では六人の女性との間に五人の男子をもうけたとあるが、妻とした女性では、相模国のオトタチバナヒメ命、尾張国のミヤズヒメ命、第十一代垂仁天皇の娘のフタジイ

リヒメ命（両道入姫命）などが有名だ。フタジイリヒメ命との間には、のちの十四代仲《ちゅう》哀《あい》天皇が誕生している。

少年時代のヤマトタケル尊は、兄のオオウス命を殺すなど猛々《たけだけ》しく冷酷な性格だったため、父の景行天皇にうとまれ、戦士として東奔西走させられることになった。

九州の兄建《えたける》・弟建《おとたける》の熊襲建《くまそたける》兄弟を討ったとき、瀕死の弟建から武勇を敬服されて「倭建《やまとたける》」の名を献じられた。その後、出雲の出雲建《いずもたける》を討ち、都に凱旋するが、すぐにまた東征を命じられ、天叢雲剣《あめのむらくものつるぎ》（のちの草薙剣《くさなぎのつるぎ》）を振るって東国のまつろわぬ土俗の神々や土豪を征服した。こうしてヤマトタケル尊は数々の戦績をあげたが、その最期は悲劇的だった。

東国遠征を終え、故郷の大和《やまと》に帰る途中、伊吹山（滋賀と岐阜の県境に位置）の邪神を退治に出かけ、逆に毒気にあたり病気を得て伊勢国の能褒野《のぼの》（三重県鈴鹿市）で亡くなった。死の直前、ヤマトタケル尊がふるさとへの思慕を込めて詠んだ「倭《やまと》は　国のまほろば　畳《たた》なづく　青垣《あおがき》　山隠《やまごも》れる　倭《やまと》し美《うるわ》し」という歌はとくに有名である。

その死後、尊の霊魂は白鳥《しらとり》（白い大鳥）となって故郷の大和の方向へ飛翔し、最後に河内の古市《ふるいち》（現在の大鳥《おおとり》大社の鎮座地）へ舞い降りたと伝わる。

この故事から、ヤマトタケル尊と白鳥（穀霊）信仰が結びついて、豊穣をもたらす農業神としての信仰が生まれた。その背景には、東征伝説に象徴されるヤマト王権の全国への勢力拡大、稲作の普及といった歴史があると考えられている。

◎**ご利益**　五穀豊穣、商売繁盛、学業成就、出世、開運招福、厄除け、防災、縁結びなど

◎**主な神社**　大鳥大社（大阪府堺市西区）／十和田神社（青森県十和田市奥瀬）／刈田嶺《かったみね》神社（宮城県刈田郡蔵王町）／鷲《おおとり》神社（東京都台東区千束）／大鳥神社（東京都目黒区下目黒）／気比《けひ》神宮（福井県敦賀市曙町）／熱田《あつた》神宮（愛知県名古屋市熱田区）／焼《やい》津《づ》神社（静岡県焼津市焼津）／建部《たけべ》大社（滋賀県大津市神領）／能褒野《のぼの》神社（三重県亀山市田村町）／白鳥《しろとり》神社（香川県東かがわ市松原）／その他大鳥、鷲、白鳥、白鷺などの社名の神社など

第七章

スサノオとオオクニヌシ、それぞれの子と親族たち

スサノオの「三つの顔」を受け継ぐ神々

たちと親族～

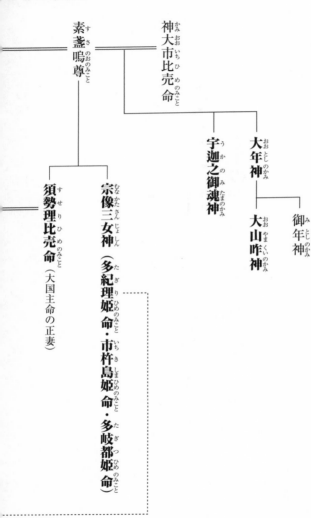

素《す》戔《さ》嗚尊《のおのみこと》

神大市比売命《かみおおいちひめのみこと》

宇迦之御魂神《うかのみたまのかみ》

大年神《おおとしのかみ》

大山咋神《おおやまくいのかみ》

御年神《みとしのかみ》

須勢理比売命《すせりひめのみこと》（大国主命の正妻）

宗像三女神《むなかたさんじょしん》（多紀理姫命《たぎりひめのみこと》・市杵島姫命《いちきしまひめのみこと》・多岐都姫命《たぎつひめのみこと》）

※太字が本章で紹介している神様

～第七章 スサノオとオオクニヌシの子ども

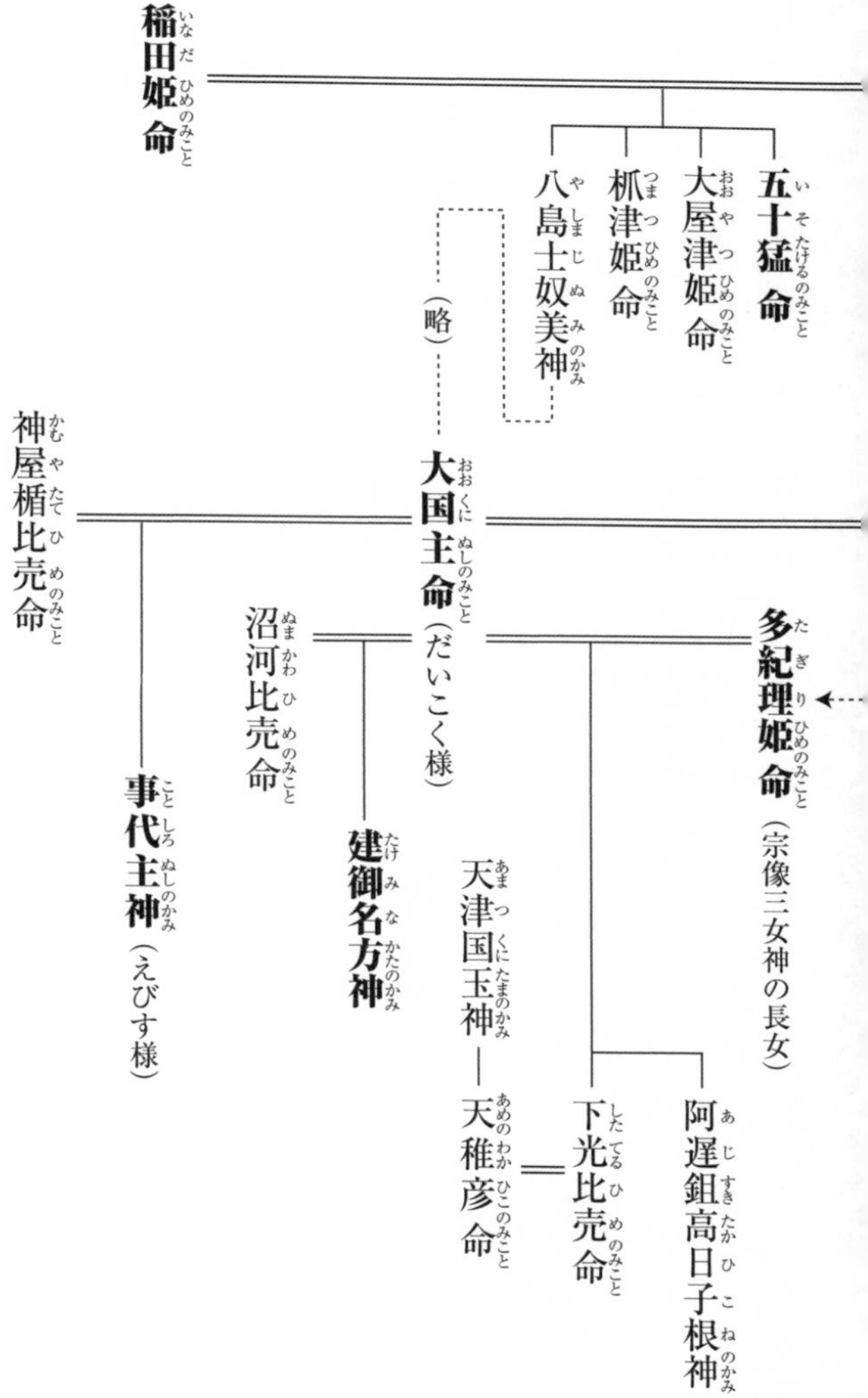

スサノオの「三つの顔」を受け継ぐ神々

スサノオ尊《のみこと》には、大別すれば、海の神、木（木種）の神、農業の神という三つの顔がある。その子どもたちにも、これら三つの血筋が脈々と受け継がれている。

記紀神話では、三貴子《さんきし》（アマテラス・ツキヨミ・スサノオ）誕生の場面で、スサノオ尊は父神イザナギ命《のみこと》から「海原《うなばら》を統治するがよい」と命じられた。この海の神スサノオの血筋を引くのが、その娘で海の神として知られる宗像三女神《むなかたさんじょしん》である。

また、スサノオ尊は、出雲と関係が深いだけでなく、紀伊（和歌山県）とも深く関係し、ここでは木の神という顔を持つ。その血筋を受け継ぐのが息子のイソタケル命と二人の妹である。

農業神の顔としては、スサノオ尊がイナダヒメ命と結婚して生んだ子どもたちの血筋と、カミオオイチヒメ命と結婚して生んだ子どもたちの血筋の二系統がある。

高天原を追放されて出雲に降って英雄神となったスサノオ尊は、農業神として活躍する。彼が退治した怪物八岐大蛇《やまたのおろち》は、農耕に関わる山や水などの自然の精霊であった。その怪物から救って妻としたイナダヒメ命は、美しく実った稲田を象徴する女神で、その血筋にオオ

クニヌシ命がいる。

そして、山の神オオヤマヅミ神の娘カミオオイチヒメ命との間に生まれた子には、日本を代表する穀物神のオオトシ神と稲荷《いなり》神のウカノミタマ神がいる。

日本神話のスーパーヒーローであるオオクニヌシ命は、スサノオ尊の系統の代表格である。『古事記』には、結婚した女性はタギリヒメ命（スサノオ尊の娘・宗像三女神の長女）やスセリヒメ命をはじめ六人とあり、『日本書紀』一書《あるふみ》には、「その御子は合わせて百八十一人を数える」と書かれている。さすがは艶福家《えんぷくか》＝縁結びの神様と感嘆させられるが、そもそも、艶福とは豊饒神《ほうじょうしん》としての霊力を象徴している。

数多いオオクニヌシ命の子どもたちを代表するのは、タギリヒメ命が生んだアジスキタカヒコネ命（雷神、農業神）、家屋の精霊の女神カムヤタテヒメ命が生んだコトシロヌシ神（海の神、えびす神）、翡翠《ひすい》の精霊ヌマカワヒメ命が生んだタケミナカタ神（諏訪《すわ》の神、農業神）などの神々である。いずれも、父神の中心的な性格である豊穣神の血筋を色濃く引いているのが特徴だ。

稲田姫命《いなだひめのみこと》

⇩スサノオの妻。八岐大蛇退治のヒロイン

【別称】櫛名田比売命《くしなだひめのみこと》、奇稲田媛命《くしいなだひめのみこと》、真髪触奇稲田媛命《まかみふるくしいなだひめのみこと》
【神格】稲田の神、穀霊神《こくれいしん》、夫婦和合の神、縁結びの神

祖父は山の神オオヤマヅミ

スサノオ尊の八岐大蛇退治のヒロインとして知られるイナダヒメ命は、オオヤマヅミ神の孫にあたり、のちにスサノオ尊の妻となる。

神話では、イナダヒメ命は、出雲国の簸川《ひのかわ》（島根県の斐伊川《ひいがわ》）の上流に住むオオヤマヅミ神の子ども夫婦（足名椎命《あしなづちのみこと》・手名椎命《てなづちのみこと》）の八番目の娘で、姉七人は八岐大蛇に人身御供《ひとみごくう》とされて食い殺されてしまった。残ったイナダヒメ命も食われる寸前だったが、危機一髪のところで高天原から出雲の地に降り立ったスサノオ尊に助けられた。

その後、命の恩人のスサノオ尊と結婚して出雲の須賀《すが》の地（島根県の須我《すが》神社の鎮座地）

に建てた新しい宮殿で暮らしたという。

別名の櫛名田比売命《くしなだひめのみこと》、奇稲田媛命《くしいなだひめのみこと》の「クシ（奇、櫛）」は、ものを讃える意味の美称で、また、スサノオ尊が八岐大蛇退治のときに、イナダヒメ命が化身した櫛を髪に挿したことに由来する。この「クシ」が「田」、「稲田」にかかることで、稲穂がよく実った美しい田を表している。これは文字通り美田、すなわち稲の豊穣に通じるものだ。

この女神が生んだ子どもに、ヤシマジヌミ神（大八洲国の神霊）、イソタケル命（227ページ）、オオヤツヒメ命、ツマツヒメ命の四人がいる。

◎ご利益　縁結び、夫婦和合、稲作守護、金運招福、厄除け開運、疫病除けなど

◎主な神社　八重垣《やえがき》神社奥の院天鏡神社（島根県松江市佐草《さくさ》町）／稲田神社（茨城県笠間市稲田）／武蔵一宮氷川神社（埼玉県さいたま市大宮区）／氷川女體神社（埼玉県さいたま市緑区）／櫛田神社（富山県射水市串田）／今宮神社（京都府京都市北区）／八坂神社（京都府京都市東山区）／須賀神社（和歌山県日高郡みなべ町）／須我神社（島根県雲南《うんなん》市大東町）／椙本《すぎもと》神社（高知県吾川郡いの町）など

宗像三女神《むなかたさんじょしん》

⇩スサノオの娘。最初の子は美人三姉妹

【別称】宗像三神《むなかたさんじん》、多紀理姫命《たぎりひめのみこと》（奥津島比売命《おきつしまひめのみこと》、田寸姫命《たごりひめのみこと》、田心姫命《たごりひめのみこと》）・市杵島姫命《いちきしまひめのみこと》（狭依毘売命《さよりびめのみこと》、瀛津嶋姫《おきつしまひめ》命《のみこと》）・多岐都姫命《たぎつひめのみこと》（湍津姫命《たきつひめのみこと》、田寸津比売命《たきつひめのみこと》）、宗像神《むなかたのかみ》、道主貴《みちぬしのむち》

【神格】海の神、航海の神、交通安全の神、財福の神、技芸の神

長女はオオクニヌシと結婚

日本を代表する海の神で美人姉妹として知られる宗像三女神は、スサノオ尊の娘である。スサノオ尊とアマテラス大神が高天原の天《あま》の安河原《やすかわら》で誓約《うけい》をしたときに、アマテラスがスサノオ尊の十拳剣《とつかのつるぎ》を三段に折って噛み砕き、それを吹き出して発生した神秘的な霧の中から生まれた。

八百万《やおよろず》の神々のなかでも三姉妹の女神というのは宗像三女神だけで、しかもそろって美人というのだから十分に印象的な存在である。

『古事記』では、最初に生まれたのが長女のタギリヒメ命（多紀理姫命《たぎりひめのみこと》）、二番目に生まれたのが次女のイチキシマヒメ命（市杵島姫命《いちきしまひめのみこと》）、最後に生まれたのが三女のタギツヒメ命（多岐都姫命《たぎつひめのみこと》）とある。この順番については、『日本書紀』本文では、イチキシマヒメ命とタギツヒメ命が逆になっているが、いずれにしても、スサノオ尊の数多い子どものなかでは一番目の子どもであるタギリヒメ命が長女ということになる。

「宗像」は、全国に広がる宗像信仰の総本社である宗像大社に関係するもので、『古事記』には、この三人の女神は、北九州の宗像神社に鎮座する海の神で、海人族の宗像君《むなかたのきみ》らが航海の神として崇拝しているとある。

記紀の神話では、スサノオ尊は親神のイザナギ命から「海原を治めよ」と命じられていることから、宗像三女神も「海原の統治者」である父の血筋を引いていることになる。

神名の「タギリ」や「タキツ」は、潮流の速く激しい様子を表したもので、長女のタギリヒメ命は、のちにオオクニヌシ命の妻となってアジスキタカヒコネ神、シタテルヒメ命の兄妹を生んでいる。

「イチキシマ」は「神霊を斎祀《いつきまつ》る島」という意味である。イチキシマヒメ命は、仏教の弁才天と習合し、七福神の紅一点の弁財天として人気を集めている。

◎ご利益　海上安全、交通安全、豊漁、商売繁盛、財福、音楽・技芸上達など

◎主な神社　宗像大社《むなかたたいしゃ》（福岡県宗像市田島）／善知鳥《うとう》神社（青森県青森市安方）／江島《えのしま》神社（神奈川県藤沢市江の島）／竹生島《ちくぶしま》神社（滋賀県長浜市早崎町）／京都御苑厳島《いつくしま》神社（京都府京都市上京区）／厳島神社（広島県廿日市《はつかいち》市宮島町）／田島神社（佐賀県唐津市呼子《よぶこ》町）／その他全国の宗像（胸形、宗形）神社、厳島神社、松尾神社、弁天社など

⇩スサノオの息子。木の文化の祖神

五十猛命《いそたけるのみこと》

【別称】大屋毘古神《おおやびこのかみ》、射楯神《いたてのかみ》
【神格】木の神、木材の神

緑あふれる日本の国土を作る

イソタケル命は、父がスサノオ尊、母がイナダヒメ命で、その基本的な性格は木の神である。

『日本書紀』一書《あるふみ》によると、この神は、高天原を追放された父のスサノオ尊に連れられて朝鮮半島の新羅《しらぎ》国へ渡ったとされる。また、別の一書には、イソタケル命は、持っていた木の種を新羅で植えることなく、そのまま日本に持ってきた。それを国土全体にくまなく植えたので、日本の山々に青々とした樹木が茂るようになったという。

父神のスサノオ尊は、その体毛から杉、桧《ひのき》、槙《まき》、樟《くす》が成ったと『日本書紀』にあるように、基本的な性格の一つが木の神である。イソタケル命は、その血筋を受け継いで、同じ

く木の神である二人の妹（オオヤツヒメ命・ツマツヒメ命）とともに日本の木の文化の源流に位置する神様なのである。

『古事記』では、別名のオオヤビコ神（大屋毘古神）として登場し、兄神たちに迫害されたオオクニヌシ命を助け、「私の父神（スサノオ尊）が住む根の堅洲国《かたすくに》（出雲にも通じているとされる地下世界）に行きなさい」と教えたと書かれている。

◎ご利益　農林殖産、木材・建築業・漁業・造船守護、航海安全など

◎主な神社　伊太祁曽《いたきそ》神社（和歌山県和歌山市伊太祈曽）／度都《わたつ》神社（新潟県佐渡市羽茂《はもち》飯岡）／杉山神社（神奈川県横浜市緑区西八朔町）／来宮《きのみや》神社（静岡県熱海市西山町）／高瀬神社（富山県南砺《なんと》市高瀬）／八坂神社御本殿西御座（京都府京都市東山区）／広峰神社（兵庫県姫路市広嶺山）／射楯兵主《いたてひょうず》神社（兵庫県姫路市総社本町）／五十猛《いそたけ》神社（島根県大田市五十猛町）など

⇩スサノオの娘。オオクニヌシの正妻

須《す》勢《せ》理《り》比《ひ》売《め》命《のみこと》

【別称】須《す》勢《せ》理《り》毘《び》女《め》命《のみこと》、須《す》世《せ》理《り》毘《び》売《め》命《のみこと》、和《わ》加《か》須《す》世《せ》理《り》比《ひ》売《め》命《のみこと》

【神格】夫婦和合の神、危難除けの神、厄除けの神

夫を支える深い情愛

スセリヒメ命は、スサノオ尊の娘で、オオクニヌシ命の正妻である。

母親については不明だが、スサノオ尊とサミラヒメ命の間の娘ともされる。サミラヒメ命は記紀神話に登場しないが、京都の八坂《やさか》神社御本殿東御座に妃として祀られており、国学者の本居宣長は、大祓詞《おおはらえことば》に出てくる祓戸《はらえど》四神のハヤサスラヒメ命（速佐須良比咩命）と同神としている。

オオクニヌシ命には多くの妻がいるが、スセリヒメ命が正妻の座を獲得できた要因は、第一に父がスサノオ尊という血統のよさだろう。また、オオクニヌシ命がスサノオ尊のい

る根の国（死者が住む地下の世界）を訪問した際に、オオクニヌシ命に一目ぼれしたスセリヒメ命が、父のスサノオ尊がオオクニヌシ命に与える数々の試練を克服する方法をオオクニヌシ命に教えて支援したことも大きい。

最後にオオクニヌシ命が根の国から逃げ出したとき、スサノオ尊はオオクニヌシ命にスセリヒメ命を正妻にするように告げた。神名の「スセリ」は「進《すす》（む）」という意味であり、これはスサノオ尊の「スサ＝スサブ（荒ぶ）」にも通じている。

スセリヒメ命は艶福家の夫を持っていたせいか嫉妬深く、荒ぶる女神としても有名だが、一方で、夫を支える情愛の深さもずば抜けていたことから、「婦徳《ふとく》の鑑《かがみ》」といわれ、夫婦和合の神ともされている。

◎ご利益　夫婦和合、縁結び、危難除け、厄除け

◎主な神社　出雲大社摂社御向社《みむかいのやしろ》（島根県出雲市大社町）／国魂神社（福島県いわき市勿来《なこそ》町）／八坂神社御本殿西御座（京都府京都市東山区）／春日大社末社夫婦大国社《めおとだいこくしゃ》（奈良県奈良市春日野町）／玉若酢命《たまわかすのみこと》神社（島根県隠岐郡隠岐の島町）／備前国総社宮（岡山県岡山市中区）／備中国総社宮（岡山県総社市総社町）など

大年神《おおとしのかみ》

⇩スサノオの息子。市場を満たす豊かな穀物の神

【別称】大歳御祖神《おおとしみおやのかみ》、歳徳神《としとくじん》、年神様《としがみ》、正月様
【神格】農業神、穀物神、豊作の神

父は農業神、母は市の神

オオトシ神は、スサノオ尊とカミオオイチヒメ命の間の子で、弟に稲荷神のウカノミタマ神、息子にミトシ神（御年神《みとしのかみ》）、オオヤマクイ神がいる。父は農業神、母は農作物を交換する市の神ということで、この神は、大市を満たす豊富な穀物の守護神ということになる。

母のカミオオイチヒメ命の父は山の神のオオヤマヅミ神であり、第六章で紹介したイワナガヒメ命やコノハナサクヤヒメ命とは姉妹になる。

オオトシ神の「トシ（年）」は、豊年万作のことを祝詞《のりと》などでは「年よし」「年栄《は》ゆ」というように、農作物の豊穣の神であることを表している。息子のミトシ神は、父の名を受け継いだもので、性格も同じく五穀をつかさどる神である。

また、民間信仰では、オオトシ神は、年中行事で正月に年神棚《としがみだな》を設けて迎え祀られる年《とし》神様《がみさま》や歳徳神《としとくじん》、正月様など、稲の実りの神と同神とされている。

◎ご利益　五穀豊穣、諸産業隆昌、家内安全、除災招福、夫婦和合など

◎主な神社　下谷《したや》神社（東京都台東区東上野）／御田《みた》神社（富山県氷見《ひみ》市仏生寺）／阿多《あた》由太《ゆた》神社（岐阜県高山市国府町）／飛騨一宮水無《みなし》神社（岐阜県高山市一之宮町）／大歳《おおとし》神社（京都府京都市西京区）／大歳《ださい》神社（兵庫県宍粟市一宮町）／大歳神社（山口県下関市竹崎町）／その他全国の大年（歳）神社など

宇《う》迦《か》之《の》御《み》魂《たま》神《のかみ》

⇩スサノオの娘。農業神の血筋を引く稲の精霊

【別称】倉稲魂神《うかのみたまのかみ》、御饌津神《みけつのかみ》、稲荷神《いなりのかみ》、お稲荷さん

【神格】食物神、穀物神、諸産業繁盛の神、商工業の神

稲荷神社の神

『古事記』によると、ウカノミタマ神は、スサノオ尊とカミオオイチヒメ命（父はオオヤマヅミ神）の間に生まれた娘で、一緒に生まれたオオトシ神と兄妹である。

神名の「ウカ」は「食《うけ》」と同じで食物のことをさし、八百万の神々の中でも代表的な食物神である。

一方、『日本書紀』には全く異なる系譜が書かれていて、この神はイザナギ命とイザナミ命の子とある。二神が国生みをしたときに大八洲国《おおやしまぐに》を生んだあと、飢えを感じてウカノミタマ神を生んだ。同じく二神の子で食物神のウケモチ神（１０３ページ）と同神と考え

られている。

ウカノミタマ神は、一般には稲荷神、稲の神として全国の稲荷神社に広く祀られている。稲荷神社は、その数では日本で一番多い神社である。「百穀の首座」にある稲の霊（穀霊）という性格は、農業神（スサノオ尊）と山の神（カミオオイチヒメ命）の血を受け継ぐウカノミタマ神の血統にふさわしいといえるだろう。

また、ウカノミタマ神はしばしば同じ食物神で伊勢の豊受《とようけ》大神宮の祭神であるトヨウケ大神と同一神とみられたりする。

ほかにも、稲荷神社に稲荷神として祀られる食物神には、ワカウカノメ命、ウケモチ命（オオゲツヒメ命）、ミケツ神、ウカ神（宇賀神《うがじん》）などがあり、いずれもウカノミタマ神と同一神と考えられている。

◎ご利益　五穀豊穣、産業興隆、商売繁盛、家内安全、芸能上達など
◎主な神社　伏見稲荷大社（京都府京都市伏見区）／札幌伏見稲荷神社（北海道札幌市中央区）／高山稲荷神社（青森県つがる市牛潟《うしがた》町）／竹駒《たけこま》神社（宮城県岩沼市稲荷町）／笠間稲荷神社（茨城県笠間市笠間）／王子稲荷神社（東京都北区来住町）／鼻顔《はなづら》稲荷神

社（長野県佐久市岩村田）／草戸《くさど》稲荷神社（広島県福山市草戸町）／祐徳《ゆうとく》稲荷神社（佐賀県鹿島市古枝）／扇森稲荷神社（大分県竹田市拝田原《はいたばる》）／高橋稲荷神社（熊本県熊本市上代）／その他全国の稲荷神社

大山咋神《おおやまくいのかみ》

⇩スサノオの孫。オオヤマヅミと並ぶ山の神

【別称】山末之大主神《やますえのおおぬしのかみ》、鳴鏑神《なりかぶらのかみ》、山王権現《さんのうごんげん》
【神格】山の神、比叡山の地主神、天台宗の護法神、産業振興の神

古代豪族・秦《はた》氏の氏神

オオヤマクイ神は、穀物の守護神オオトシ神の子で、スサノオ尊の孫にあたる。オオヤマヅミ神と並ぶ日本の代表的な山の神様である。

『古事記』には、「またの名を山末之大主神《やますえのおおぬしのかみ》といい、日枝山《ひえのやま》（比叡山の日吉大社）に坐《いま》す。また葛野《かづの》の松尾《まつのお》（松尾大社）に坐す鳴鏑神《なりかぶらのかみ》ともいう」とある。

『山城国風土記』逸文《いつぶん》に、オオヤマクイ神が、丹塗矢《にぬりや》（赤く塗った鏑矢《かぶらや》）に化身してタマヨリヒメ命のもとを訪れ、結婚してカモワケイカヅチ命（京都・上賀茂神社の祭神）を生んだと伝えているが（73ページ）、鳴鏑神の名も、松尾大明神＝オオヤマクイ神が鏑矢に化身して川を流れ下り、拾った乙女を妊娠させたという同様の伝承に由来する。

この鳴鏑神は、上賀茂神社・下鴨神社の祭神の雷神と同じく、水神、すなわち治水の神としての顔を持っている。

オオヤマクイ神をトップレベルの山の神に押し上げた背景として、山城国（京都府南部）一帯を支配した古代豪族・秦氏の存在があげられる。秦氏は秦《しん》の始皇帝の後裔《こうえい》とされる渡来氏族で、オオヤマクイ神を祭神とする松尾大社を氏神として篤く崇敬した。

◎**ご利益**　諸産業隆昌、家系繁栄、家内・業務安全、厄除け、開運招福など

◎**主な神社**　日吉《ひよし》大社（滋賀県大津市坂本）／日枝《ひえ》神社（山形県酒田市日吉町）／日枝神社（東京都千代田区永田町）／日枝神社（新潟県五泉市村松甲）／日枝神社（富山県富山市山王町）／日枝神社（福井県大飯《おおい》郡おおい町）／松尾《まつのお》大社（京都府京都市西京区）／山王神社（長崎県長崎市坂本）／その他全国の日吉（日枝）・山王神社、松尾神社など

⇩スサノオの六世の孫？ 偉大なる国津神の王

大国主命《おおくにぬしのみこと》

【別称】大己貴命《おおなむちのみこと》、大穴牟遅神《おおなむちのかみ》、大物主神《おおものぬしのかみ》、八千矛神《やちほこのかみ》、だいこく様

【神格】農業神、医薬神、縁結びの神、夫婦和合の神

子どもの数は百八十神！

日本神話のスーパースターの一人であるオオクニヌシ命は、スサノオ尊と関係の深い出雲を舞台に活躍することから、一般にスサノオ尊の息子というイメージが強い。

確かに血筋としては間違いないのだが、『古事記』、『日本書紀』一書《あるふみ》第二、『新撰姓氏録《しんせんしょうじろく》』ではスサノオ尊の六世の孫、『日本書紀』本文では息子、『日本書紀』一書第一では七世の孫とある。

このようにオオクニヌシ命の出自には諸説あるのだが、その妻と子については、『古事記』に従えば次のようになる。

まず、オオクニヌシ命が結婚した女性は、兄の八十神《やそがみ》たちと争って娶《めと》った最初の妻ヤガミヒメ命、スサノオ尊の娘で正妻のスセリヒメ命（229ページ）、スサノオ尊の息子ヤシマジヌミ神の娘のトリミミ命、神の住む社の精霊カムヤタテヒメ命、宗像三女神の長女タギリヒメ命、高志国《こし》（新潟県の糸魚川あたり）の翡翠《ひすい》の精霊ヌマカワヒメ命の六人である。

子どもの数は、なんと百八十神（『日本書紀』には百八十一神）と書かれているが、カムヤタテヒメ命が生んだコトシロヌシ命（えびす神。242ページ）、タギリヒメ命が生んだアジスキタカヒコネ神（雷神、農業神）とシタテルヒメ命（農業神）、ヌマカワヒメ命が生んだタケミナカタ神（諏訪神。244ページ）など、有名な神様が多い。

国作り、国譲り神話の主役

出雲神話の英雄で、偉大なる国津神《くにつかみ》の王であるオオクニヌシ命の活動を、神話のエピソードから概観してみよう。

まず、よく知られているのが童謡にもなっている「因幡《いなば》の白兎」の話である。ワニに毛皮を剥がされた白兎が、オオクニヌシ命の兄の八十神たちに騙されて痛みに泣いているの

を見て、オオクニヌシ命が「蒲《がま》の穂にくるまると元に戻る」と教え、助けてやった。

オオクニヌシ命は兄の八十神たちとは仲が悪く、その後、八十神に殺されかけるが、スサノオ尊がいる根の国に逃げる。しかし、そこでもスサノオ尊から数々の試練を与えられ、オオクニヌシ命は未熟な青年から国土の支配者へと成長していく。

また、スクナヒコナ命（76ページ）とコンビを組んで全国をめぐり、国作り（農業技術の指導、温泉開発や病気治療、医薬の普及、害虫駆除など禁厭《まじない》の法の制定など）の大事業を行った。その後、天津神への国譲りの後、アマテラス大神の命で造営された天日隅宮《あめのひすみのみや》（のちの出雲大社）に隠棲《いんせい》した。

この神は、別名を多く持っているのも大きな特徴で、『日本書紀』一書には、「大国主神、またの名は大物主神《おおものぬしのかみ》、または国作大己貴命《くにつくりおおなむちのみこと》と号す。または葦原醜男《あしはらのしこお》、または八千矛《やちほこ》神《のかみ》、または大国玉神《おおくにたまのかみ》、または顕国玉神《うつしくにたまのかみ》という」とある。

こうした別名の多さや子どもの多さは、オオクニヌシ命の活動の多彩さ、信仰の広がり、各地域の土着神との結びつき（統合）などが背景にあるといえる。

別称のなかでも大物主神は、オオクニヌシ命の荒魂《あらみたま》（神霊の猛々しい側面）に対する和魂《にぎみたま》（神霊の仁徳を備えている側面。幸魂《さきたま》、奇魂《くしたま》）のことで、分身ともいわれる。「大物」

とは諸々の精霊の首領を意味し、『古事記』では大和の三諸山《みもろのやま》（三輪山《みわやま》。大神《おおみわ》神社の御神体）に宿る神の名で、「三輪山伝説」にはその姿は蛇体とある。

また、オオクニヌシ命は、中世以降、仏教（寺院）の守護神・大黒天《だいこくてん》と習合して「だいこく様」と呼ばれるようになり、のちに七福神の一員となった。打出《うちで》の小槌《こづち》を持って大きな袋を担ぎ、米俵を踏まえて立つ福々しい姿でおなじみだ。

◎ご利益　縁結び、夫婦和合、五穀豊穣、商売繁盛、病気平癒、医薬業守護など

◎主な神社　出雲大社（島根県出雲市大社町）／北海道神宮（北海道札幌市中央区宮ヶ丘）／酒列磯前神社《さかつらいそさき》（茨城県ひたちなか市磯崎町）／神田神社（東京都千代田区外神田）／子神社《ねのじんじゃ》（神奈川県横浜市保土ヶ谷区）／気多《けた》大社（石川県羽咋《はくい》市寺家町）／小国《おくに》神社（静岡県周智《しゅうち》郡森町）／日吉大社西本宮（滋賀県大津市坂本）／出雲大神宮（京都府亀岡市千歳町）／大神《おおみわ》神社（奈良県桜井市三輪）／大和《おおやまと》神社（奈良県天理市神泉町）／その他全国の出雲・伊豆毛《いずも》・出雲伊波比《いわい》・大己貴《おおなむち》・大穴牟遅《おおなむち》・大穴持《おおなもち》・大名持《おおなもち》・大《おお》御和《みわ》・兵主《ひょうず》神社など

事代主神《ことしろぬしのかみ》

⇩オオクニヌシの長男。七福神のえびす様

【別称】八重事代主神《やえことしろぬしのかみ》、積羽八重事代主神《つみはやえことしろぬしのかみ》、恵比寿神（えびす様）、一言主神《ひとことぬしのかみ》
【神格】海の神、商業の神、福の神、託宣神、言霊の神

娘が神武天皇の后に

コトシロヌシ神は、オオクニヌシ命とカムヤタテヒメ命の間に生まれた子である。

『日本書紀』『先代旧事本紀《せんだいくじほんぎ》』には、その娘のヒメタタライスズヒメ命がアマテラス大神の末裔である神武天皇の后とあり、ここにいたってアマテラスの子孫とスサノオの子孫の血筋が統合される形になった。

神名の「コト（事）」は、神の言葉を意味し、「シロ（代）」は代理の意味で、「依代《よりしろ》」の「シロ」などと同義。つまり神の託宣を代行する霊能者の神格化で、託宣神というのが本来の性格だ。葦原中国《あしはらのなかつくに》平定・国譲り神話では、父神オオクニヌシ命に命じられたコトシ

ロヌシ神が神の意志をうかがい、その託宣によって地上の支配権の譲渡を決定する。

このように、コトシロヌシ神は、神の意志に通じる霊妙な言葉に宿る神霊＝言霊《ことだま》の神として古くから信仰された神様である。『延喜式《えんぎしき》』には「御《み》巫《かむなぎ》祭《のまつる》神《かみ》八座」の一座に加えられ、いわゆる宮中八神の一神としても祀られている。

また、コトシロヌシ神は、国譲りの際に海辺で釣りをしていたという故事から、恵比寿神（えびす様）と同神となった。父のオオクニヌシ命はだいこく様、息子はえびす様ということで、両神合わせて「恵比寿・大国」という日本を代表する福神となり、七福神のメンバーとして広く庶民の信仰を集めている。

◎ご利益　海上安全、豊漁、五穀豊穣、商売繁盛、福徳円満、開運、厄除けなど

◎主な神社　美保《みほ》神社（島根県松江市美保関町）／久伊豆《ひさいず》神社（埼玉県越谷市越ヶ谷）／三嶋大社（静岡県三島市大宮町）／京都ゑ《え》びす神社（京都府京都市東山区）／今宮神社（京都府京都市北区）／今宮戎《いまみやえびす》神社（大阪府大阪市浪速区）／長田《ながた》神社（兵庫県神戸市長田区）／事代主神社（徳島県阿波市市場町）／その他全国の事代主系の恵比寿・三島神社など

建御名方神《たけみなかたのかみ》

⇩オオクニヌシの息子。国譲りで徹底抗戦

【別称】武南方神《たけみなかたのかみ》、建御名方刀美神《たけみなかたとみのかみ》、諏訪神《すわのかみ》
【神格】軍神、農業神、狩猟神、風の神

元寇の国難を救う

葦原中国《あしはらのなかつくに》平定、国譲り神話に登場するタケミナカタ神は、オオクニヌシ命とヌマカワヒメ命の間の子で、コトシロヌシ神の弟である。

この神は、のちにヤサカトメ命（父は海の神のワタツミ神との説もある）を妻とし、諏訪地方の伝承では、信濃《しなの》国の開発に貢献する二十二人の御子神《みこがみ》を生んだという。

名前の「ミナカタ」は、「水潟《みなかた》」に通じることから本来は水神と考えられ、古くからその姿が竜神や蛇神としてイメージされた。

『古事記』では、豪腕の持ち主として描かれ、国譲りのときに最後まで抵抗したが、アマテラス大神が派遣した武神のタケミカヅチ命（鹿島神）と対決して敗れ、信濃国に逃れて

諏訪湖のほとりに隠棲《いんせい》したと書かれている。

諏訪地方に伝わる諏訪大社の縁起譚《えんぎたん》である『諏訪大明神絵詞《すわだいみょうじんえことば》』（一三五六年成立）には、タケミナカタ神がこの地に来て、先住の地主神や諏訪湖の竜神などの神々を征服して鎮座したとある。このことから諏訪神とも呼ばれる。

タケミナカタ神＝諏訪神は農業神であるが、もともとは狩猟神（山の神）の性格から弓矢の神として信仰が生まれ、平安時代には武神としての霊威が広く知られた。鎌倉時代の元寇《げんこう》のときに、竜神として示現《じげん》して国難を救った伝承が有名である。

◎ご利益　産業隆昌、五穀豊穣、武運長久、縁結び、開運長寿、縁結びなど

◎主な神社　諏訪大社上社本宮（長野県諏訪市中洲宮山）、上社前宮（長野県茅野市宮川）、下社秋宮・下社春宮（長野県諏訪郡下諏訪町）／諏訪神社（北海道札幌市東区）／秋田諏訪宮（秋田県仙北郡美郷町）／釜戸《かまど》諏訪神社（福島県いわき市渡辺町）／諏訪神社（東京都立川市柴崎町）／鎮西大社諏訪神社（長崎県長崎市上西山町）／その他全国の諏訪（諏方、周方、洲波）、南方《みなかた》神社など

番外編

七福神

⇩日本で結成された「福徳開運」の神様グループ

日本、インド、中国出身の神仙《しんせん》のなかから選ばれた七人の神様からなる「福神グループ」で、日本で結成された。現在の七福神は、次のようなメンバー構成になっている。

・**恵比寿《えびす》（えびす様）** 日本生まれで、神道のヒルコ命（92ページ）と同神で、古くから商売繁盛、豊作、大漁などの守り神として信仰された。

・**大黒天《だいこくてん》（だいこく様）** 古代インドの神で、日本では天台宗寺院の厨房《ちゅうぼう》（台所）の守り神とされ、神道のオオクニヌシ命（238ページ）と習合して家庭繁栄の神とされた。

・**毘沙門天《びしゃもんてん》（多聞天《たもんてん》）** 古代インドの神で、仏教の聖山・須弥山《しゅみせん》を守護する四天王のなかでも最強の武神で、破邪《はじゃ》のパワーが福徳開運、商売繁盛のご利益を招来する。

・**弁財天《べんざいてん》（弁才天）** 古代インド神話の河の女神で、日本に入ってから神道のイチキシマ

ヒメ命（224ページ「宗像三女神」参照）と習合して財福・技芸の神とされた。

・**寿老人**《じゅろうじん》　中国からやって来た道教の神仙で、長寿と知恵の神とされる。長い白髭を生やした小柄な老人で、長い杖を持ち、二千年の長寿の象徴の鹿を連れた姿をしている。

・**福禄寿**《ふくろくじゅ》　中国の北宋時代の道士がモデルの仙人で、長寿をつかさどり人徳を象徴する神様である。「福」「禄（天与の幸運）」「寿」というめでたさを象徴する神様という説もある。

・**布袋**《ほてい》　中国の実在の禅僧で、弥勒菩薩《みろくぼさつ》の化身ともいわれる。太鼓腹《たいこばら》と福々しい笑顔が特徴の神様で、人々に知恵と福徳を授けるとされている。

七福神が結成されたのは、商業が発達した室町時代後半。上方（京都）を中心に福神信仰が発生すると、まず恵比寿と大黒天が福神人気をリードした。この二神にさらに多くの福神を加えれば、もっとご利益が期待できるというわけで生まれたのが七福神信仰だった。「七」福になったのは、仏教経典『仁王般若経《にんのうはんにゃきょう》』にある「七難即滅《しちなんそくめつ》　七福即生《しちふくそくしょう》」に由来するというのが有力な説。また、「七福神めぐり」という参拝形態は、江戸時代の文化文政年間頃に、年末年始の「七福神詣《もう》で」が江戸市民の間で大ブームになったのが起源だ。現在でも、全国各地に約三〇〇カ所ともいわれる七福神めぐりのコースがあって人気がある。

【地域別 主な神社】

※御祭神の一部を掲載している神社もあります

【北海道】

岩内《いわない》神社	北海道岩内郡岩内町	保食神《うけもちのかみ》
姥神《うばがみ》大神宮	北海道檜山郡江差《えさし》町	天児屋根命《あめのこやねのみこと》
上川《かみかわ》神社	北海道旭川市神楽岡《かぐらおか》公園	天照大神《あまてらすおおみかみ》
神威《かむい》神社	北海道積丹《しゃこたん》郡積丹町	天御柱神《あめのみはしらのかみ》・国御柱神《くにのみはしらのかみ》
札幌伏見稲荷《さっぽろふしみいなり》神社	北海道札幌市中央区	宇迦之御魂神《うかのみたまのかみ》
住吉《すみよし》神社	北海道小樽市住ノ江	住吉三神《すみよしさんじん》
諏訪《すわ》神社	北海道札幌市東区	建御名方神《たけみなかたのかみ》
船魂《ふなだま》神社	北海道函館市元町	綿津見神《わたつみのかみ》、塩土老翁神《しおつちおじのかみ》
北海道《ほっかいどう》神宮	北海道札幌市中央区宮ヶ丘	大国主命《おおくにぬしのみこと》、少彦名命《すくなひこなのみこと》

【東北】

岩木山《いわきやま》神社	青森県弘前市大字百沢	大山祇神《おおやまづみのかみ》
善知鳥《うとう》神社	青森県青森市安方	宗像三女神《むなかたさんじょしん》
猿賀《さるが》神社	青森県平川市猿賀石林	保食神《うけもちのかみ》
高山稲荷《たかやまいなり》神社	青森県つがる市牛潟《うしがた》町	宇迦之御魂神《うかのみたまのかみ》
十和田《とわだ》神社	青森県十和田市奥瀬	日本武尊《やまとたけるのみこと》
秋田諏訪宮《あきたすわぐう》	秋田県仙北郡美郷町	建御名方神《たけみなかたのかみ》
唐松《からまつ》神社	秋田県仙北市境	迦具土神《かぐつちのかみ》
唐松山天日宮《からまつさんあまつひのみや》	秋田県大仙市協和境	饒速日命《にぎはやひのみこと》
金峰《きんぽう》神社	秋田県仙北市田沢湖梅沢	保食神《うけもちのかみ》
古四王《こしおう》神社	秋田県秋田市寺内児桜《こざくら》	武甕槌命《たけみかづちのみこと》
羽宇志別《はうしわけ》神社	秋田県横手市大森町	思兼神《おもいかねのかみ》
小物忌《おものいみ》神社	山形県酒田市山楯《やまだて》	天御柱神《あめのみはしらのかみ》・国御柱神《くにのみはしらのかみ》
熊野《くまの》大社	山形県南陽市宮内	伊邪那岐命《いざなぎのみこと》・伊邪那美命《いざなみのみこと》・素盞鳴尊《すさのおのみこと》
鳥海月山《ちょうかいがっさん》両所宮《りょうしょぐう》	山形県山形市宮町	月読命《つきよみのみこと》
鳥海山大物忌《ちょうかいさんおおものいみ》神社	山形県飽海《あくみ》郡遊佐《ゆざ》町	豊受大神《とようけのおおかみ》

出羽三山《でわさんざん》神社・月山《がっさん》神社	山形県東田川郡庄内町	月読命《つきよみのみこと》
出羽三山神社・出羽神社	山形県鶴岡市羽黒町	宇迦之御魂神《うかのみたまのかみ》
出羽三山神社・湯殿山《ゆどのさん》神社	山形県鶴岡市田麦俣	大山祇神《おおやまづみのかみ》、少彦名命《すくなひこなのみこと》
八所《はっしょ》神社	山形県東置賜郡川西	神産巣日神《かみむすびのかみ》
日枝《ひえ》神社	山形県酒田市日吉町	大山咋神《おおやまくいのかみ》
石手堰《いわてい》神社	岩手県奥州市水沢	天忍穂耳命《あめのおしほみみのみこと》
日高《ひだか》神社	岩手県奥州市水沢	天之御中主神《あめのみなかぬしのかみ》
巻堀《まきぼり》神社	岩手県盛岡市巻堀本宮	猿田彦命《さるたひこのみこと》
熱日高彦《あつひたかひこ》神社	宮城県角田市島田	邇邇芸命《ににぎのみこと》
飯野山《いいのやま》神社	宮城県石巻市飯野	稚産霊神《わくむすびのかみ》
刈田嶺《かったみね》神社	宮城県刈田郡蔵王町	日本武尊《やまとたけるのみこと》
賀茂小鋭《かもおとの》神社	宮城県石巻市福地	賀茂建角身命《かもたけつぬみのみこと》、賀茂別雷命《かもわけいかづちのみこと》
金華山《きんかさん》黄金山《こがねやま》神社	宮城県石巻市鮎川浜金華山	金山彦神《かなやまひこのかみ》・金山姫神《かなやまひめのかみ》
黄金山《こがねやま》神社	宮城県遠田《とおだ》郡脇谷《わくや》町	金山彦神《かなやまひこのかみ》・金山姫神《かなやまひめのかみ》
佐倍乃《さえの》神社	宮城県名取市愛島笠島《めでしまかさしま》	天鈿女命《あめのうずめのみこと》
鹽竈《しおがま》神社	宮城県塩竈市一森山《いちもりやま》	塩土老翁神《しおつちおじのかみ》、武甕槌命《たけみかづちのみこと》、経津主命《ふつぬしのみこと》
多賀《たが》神社	宮城県仙台市太白区富沢	伊邪那岐命《いざなぎのみこと》・伊邪那美命《いざなみのみこと》
竹駒《たけこま》神社	宮城県岩沼市稲荷町	稚産霊神《わくむすびのかみ》、保食神《うけもちのかみ》、宇迦之御魂神《うかのみたまのかみ》
安積国造《あさかくにつこ》神社	福島県郡山市清水台	稚産霊神《わくむすびのかみ》
安達太良《あだたら》神社	福島県本宮市本宮	高御産巣日神《たかみむすびのかみ》、神産巣日神《かみむすびのかみ》
伊佐須美《いさすみ》神社	福島県大沼郡会津美里町	伊邪那岐命《いざなぎのみこと》・伊邪那美命《いざなみのみこと》
伊波止和気《いわとわけ》神社	福島県石川郡古殿町《ふるどのまち》	天手力男命《あめのたぢからおのみこと》
磐椅《いわはし》神社	福島県耶麻《やま》郡猪苗代《いなわしろ》町	波邇夜須毘古神《はにやすひこのかみ》・波邇夜須毘売神《はにやすひめのかみ》
太田《おおた》神社	福島県南相馬市原町区中太田	天之御中主神《あめのみなかぬしのかみ》
温泉《おんせん》神社	福島県いわき市常磐《じょうばん》湯本町	少彦名命《すくなひこなのみこと》

開成山大神宮《かいせいざん》	福島県郡山市開成山	天照大神《あまてらすおおみかみ》
鹿嶋《かしま》神社	福島県白河市大鹿島	武甕槌命《たけみかづちのみこと》
釜戸諏訪《かまどすわ》神社	福島県いわき市渡辺町	建御名方神《たけみなかたのかみ》
国魂《くにたま》神社	福島県いわき市勿来《なこそ》町	須勢理比売命《すせりひめのみこと》
子眉嶺《こびみね》神社	福島県相馬郡新地町	豊受大神《とようけのおおかみ》
塩沢《しおざわ》神社	福島県二本松市塩沢	栲幡千千姫命《たくはたちぢひめのみこと》
白河《しらかわ》神社	福島県白河市旗宿	天太玉命《あめのふとだまのみこと》
住吉《すみよし》神社	福島県いわき市小名浜住吉	住吉三神《すみよしさんじん》

【関東】

愛宕《あたご》神社	茨城県笠間市泉	迦具土神《かぐつちのかみ》
稲田《いなだ》神社	茨城県笠間市稲田	稲田姫命《いなだひめのみこと》
稲村《いなむら》神社	茨城県常陸太田市天神林町	饒速日命《にぎはやひのみこと》
笠間稲荷《かさまいなり》神社	茨城県笠間市笠間	宇迦之御魂神《うかのみたまのかみ》、大宮能売命《おおみやのめのみこと》
鹿島《かしま》神宮	茨城県鹿嶋市宮中	武甕槌命《たけみかづちのみこと》、天児屋根命《あめのこやねのみこと》
金村別雷《かなむらわけいかずち》神社	茨城県つくば市上郷	賀茂別雷命《かもわけいかづちのみこと》
蛟蝄《こうもう》神社	茨城県北相馬郡利根町	罔象女神《みずはのめのかみ》
蚕影《こかげ》神社	茨城県つくば市神郡	稚産霊神《わくむすびのかみ》
蚕養《こかい》神社	茨城県日立市川尻町	稚産霊神《わくむすびのかみ》
酒列磯前《さかつらいそさき》神社	茨城県ひたちなか市磯崎町	少彦名命《すくなひこなのみこと》、大国主命《おおくにぬしのみこと》
蚕霊《さんれい》神社	茨城県神栖《かすみ》市日川	稚産霊神《わくむすびのかみ》
静《しず》神社	茨城県那珂《なか》市静	思兼神《おもいかねのかみ》、天羽槌雄神《あめのはづちおのかみ》
筑波山《つくばさん》神社	茨城県つくば市筑波	伊邪那岐命《いざなぎのみこと》・伊邪那美命《いざなみのみこと》
西金砂《にしかなさ》神社	茨城県常陸太田市上宮河内町	国之常立神《くにのとこたちのかみ》
常陸国総社宮《ひたちのくにそうじゃぐう》	茨城県石岡市総社	大宮能売命《おおみやのめのみこと》
大前《おおまえ》神社	栃木県栃木市藤岡町	神武天皇《じんむてんのう》
鹿島《かしま》神社	栃木県芳賀郡益子町	武甕槌命《たけみかづちのみこと》
賀蘇山《がそやま》神社	栃木県鹿沼市入粟野	月読命《つきよみのみこと》
賀茂別雷《かもわけいかづち》神社	栃木県佐野市多田町	賀茂別雷命《かもわけいかづちのみこと》
木幡《きばた》神社	栃木県矢板市木幡	天忍穂耳命《あめのおしほみみのみこと》
たばこ神社	栃木県芳賀《はが》郡茂木《もてぎ》町	鹿屋野姫神《かやのひめのかみ》
鷲子山上《とりのこさんしょう》神社	栃木県那須《なす》郡那珂川《なかがわ》町	天日鷲神《あめのひわしのかみ》
那須温泉《なすおんせん》神社	栃木県那須塩原郡那須町	少彦名命《すくなひこなのみこと》
西宮《にしのみや》神社	栃木県足利《あしかが》市西宮町	蛭子命《ひるこのみこと》

賀茂《かも》神社	群馬県桐生市広沢町	賀茂別雷命《かもわけいかづちのみこと》
火雷《からい》神社	群馬県佐波《さわ》郡玉村町	火雷神《ほのいかづちのかみ》
桐生西宮《きりゅうにしのみや》神社	群馬県桐生市宮本町	蛭子命《ひるこのみこと》
桐生雷電《らいでん》神社	群馬県桐生市錦町	火雷神《ほのいかづちのかみ》
子持《こもち》神社	群馬県渋川市中郷	木花開耶姫命《このはなさくやひめのみこと》
倭文《しどり》神社	群馬県伊勢崎市東上之宮町	天羽槌雄神《あめのはづちおのかみ》
榛名《はるな》神社	群馬県高崎市榛名山町	波邇夜須毘古神《はにやすひこのかみ》・波邇夜須毘売神《はにやすひめのかみ》
雷電《らいでん》神社	群馬県邑楽《おうら》郡板倉町	火雷神《ほのいかづちのかみ》
金鑚《かなさな》神社	埼玉県児玉郡神川町	天照大神《あまてらすおおみかみ》
神武天皇社《じんむてんのうしゃ》	埼玉県加須市新川通	神武天皇《じんむてんのう》
秩父《ちちぶ》神社	埼玉県秩父市番場町	思兼神《おもいかねのかみ》
秩父《ちちぶ》神社摂社	埼玉県秩父市番場町	八十禍津日神《やそまがつひのかみ》・大禍津日神《おおまがつひのかみ》
枉津日社《まがつひしゃ》		
氷川女體《ひかわにょたい》神社	埼玉県さいたま市緑区	稲田姫命《いなだひめのみこと》
久伊豆《ひさいず》神社	埼玉県越谷市越ヶ谷	事代主神《ことしろぬしのかみ》
三峯《みつみね》神社	埼玉県秩父市三峰	伊邪那岐命《いざなぎのみこと》・伊邪那美命《いざなみのみこと》
椋《むく》神社	埼玉県秩父市下吉田	思兼神《おもいかねのかみ》
武蔵一宮氷川《むさしいちのみやひかわ》神社	埼玉県さいたま市大宮区	素盞嗚尊《すさのおのみこと》、稲田姫命《いなだひめのみこと》
物部天神社《もののべてんじんしゃ》	埼玉県所沢市小手指《こてさし》元町	饒速日命《にぎはやひのみこと》
箭弓《やきゅう》稲荷神社	埼玉県東松山市箭弓町	保食神《うけもちのかみ》
安房《あわ》神社	千葉県館山市大神宮	天太玉命《あめのふとだまのみこと》、天日鷲神《あめのひわしのかみ》
大原《おおはら》神社	千葉県君津市平山	天太玉命《あめのふとだまのみこと》
香取《かとり》神宮	千葉県香取市香取	経津主命《ふつぬしのみこと》、天児屋根命《あめのこやねのみこと》
下立松原《しもたてまつばら》神社	千葉県南房総市白浜町	天日鷲神《あめのひわしのかみ》
玉前《たまさき》神社	千葉県長生郡一宮町	玉依姫命《たまよりひめのみこと》
千葉《ちば》神社	千葉県千葉市中央区院内	天之御中主神《あめのみなかぬしのかみ》
渡海《とかい》神社	千葉県銚子市高神西町	綿津見神《わたつみのかみ》
白山《はくさん》神社	千葉県君津市俵田	菊理媛神《くくりひめのかみ》
船橋《ふなばし》大神宮	千葉県船橋市宮本	栲幡千千姫命《たくはたちぢひめのみこと》
麻賀多《まかた》神社	千葉県成田市台方	稚産霊神《わくむすびのかみ》
大国魂《おおくにたま》神社末社 水神社	東京都府中市宮町	罔象女神《みずはのめのかみ》
赤坂氷川《あかさかひかわ》神社	東京都港区赤坂	素盞嗚尊《すさのおのみこと》
荏原《えばら》神社	東京都品川区北品川	高龗神《たかおかみのかみ》

王子稲荷《おうじいなり》神社　東京都北区岸町　宇迦之御魂神《うかのみたまのかみ》、稚産霊神《わくむすびのかみ》

鷲《おおとり》神社　東京都台東区千束《せんぞく》　天日鷲神《あめのひわしのかみ》、日本武尊《やまとたけるのみこと》

大鳥《おおとり》神社　東京都目黒区下目黒　国之常立神《くにのとこたちのかみ》、日本武尊《やまとたけるのみこと》

亀有香取《かめありかとり》神社　東京都葛飾区亀有　経津主命《ふつぬしのみこと》

亀戸天神社《かめいどてんじんしゃ》　東京都江東区亀戸　天穂日命《あめのほひのみこと》

神田《かんだ》神社　東京都千代田区外神田　大国主命《おおくにぬしのみこと》、少彦名命《すくなひこなのみこと》

鹿骨鹿島《ししぼねかしま》神社　東京都江戸川区鹿骨　武甕槌命《たけみかづちのみこと》

下谷《したや》神社　東京都台東区東上野　大年神《おおとしのかみ》

篠崎浅間《しのざきせんげん》神社　東京都江戸川区篠崎　木花開耶姫命《このはなさくやひめのみこと》

芝大神宮《しばだいじんぐう》　東京都港区芝大門　天照大神《あまてらすおおみかみ》

白鬚《しらひげ》神社　東京都墨田区東向島　猿田彦命《さるたひこのみこと》

素盞雄《すさのお》神社　東京都荒川区南千住　素盞嗚尊《すさのおのみこと》

住吉《すみよし》神社　東京都中央区佃　住吉三神《すみよしさんじん》

諏訪《すわ》神社　東京都立川市柴崎町　建御名方神《たけみなかたのかみ》

築土《つくど》神社　東京都千代田区九段北　邇邇芸命《ににぎのみこと》

鉄砲洲《てっぽうず》稲荷神社　東京都中央区湊町　稚産霊神《わくむすびのかみ》

東京水天宮《とうきょうすいてんぐう》　東京都中央区日本橋蛎殻町　天之御中主神《あめのみなかぬしのかみ》

東京大神宮《とうきょうだいじんぐう》　東京都千代田区富士見　天照大神《あまてらすおおみかみ》、高御産巣日神《たかみむすびのかみ》、神産巣日神《かみむすびのかみ》

豊鹿島《とよかしま》神社　東京都東大和市芋窪　武甕槌命《たけみかづちのみこと》

鳥越《とりごえ》神社　東京都台東区鳥越　天児屋根命《あめのこやねのみこと》

白山《はくさん》神社　東京都文京区白山　菊理媛神《くくりひめのかみ》

花園《はなぞの》神社　東京都新宿区新宿　保食神《うけもちのかみ》

日枝《ひえ》神社　東京都千代田区永田町　大山咋神《おおやまくいのかみ》　国之常立神《くにのとこたちのかみ》

東伏見稲荷《ひがしふしみいなり》神社　東京都西東京市東伏見　大宮能売命《おおみやのめのみこと》

水稲荷《みずいなり》神社　東京都新宿区西早稲田　大宮能売命《おおみやのめのみこと》

御園《みその》神社　東京都大田区西蒲田　天鈿女命《あめのうずめのみこと》

御嶽《みたけ》神社　東京都豊島区池袋　神武天皇《じんむてんのう》

武蔵御岳《むさしみたけ》神社　東京都青梅市御岳山　伊邪那岐命《いざなぎのみこと》・伊邪那美命《いざなみのみこと》

湯島《ゆしま》天満宮　東京都文京区湯島　天手力男命《あめのたぢからおのみこと》

雷《いかづち》神社　神奈川県横須賀市追浜《おっぱま》本町　火雷神《ほのいかづちのかみ》

伊勢山皇大神宮《いせやまこうたいじんぐう》　神奈川県横浜市西区　天照大神《あまてらすおおみかみ》

江島《えのしま》神社　神奈川県藤沢市江の島　宗像三女神《むなかたさんじょしん》

大山阿夫利神社《おおやまあふり》	神奈川県伊勢原市大山	大山祇神《おおやまづみのかみ》
杉山神社《すぎやま》	神奈川県横浜市緑区西八朔町	五十猛命《いそたけるのみこと》
子神社《ねのじんじゃ》	神奈川県横浜市保土ケ谷区	大国主命《おおくにぬしのみこと》
箱根神社《はこね》	神奈川県足柄下郡箱根町	邇邇芸命《ににぎのみこと》、彦火火出見命《ひこほほでみのみこと》、木花開耶姫命《このはなさくやひめのみこと》
比々多神社《ひびた》	神奈川県伊勢原市三ノ宮	玉祖命《たまのおやのみこと》
蛭子神社《ひるこ》	神奈川県鎌倉市小町	蛭子命《ひるこのみこと》
【甲信越】		
浅間神社《あさま》	山梨県笛吹市一宮町	木花開耶姫命《このはなさくやひめのみこと》
神部神社《かんべ》	山梨県甲州市塩山上荻原	八十禍津日神《やそまがつひのかみ》・大禍津日神《おおまがつひのかみ》
神部神社	山梨県南アルプス市若草寺部	石凝姥命《いしこりどめのみこと》
倭文神社《しずり》	山梨県韮崎《にらさき》市穂坂町	天羽槌雄神《あめのはづちおのかみ》
玉諸神社《たまもろ》	山梨県甲州市塩山竹森	玉祖命《たまのおやのみこと》
水宮神社《みずみや》	山梨県南アルプス市有野	罔象女神《みずはのめのかみ》
阿智神社《あち》	長野県下伊那郡阿智村	罔象女神《みずはのめのかみ》
雨宮坐日吉神社《あめみやにますひよし》	長野県更埴《こうしょく》市雨宮	木花開耶姫命《このはなさくやひめのみこと》
鈿女神社《うずめ》	長野県北安曇郡松川村	天鈿女命《あめのうずめのみこと》
小坂神社《おさか》	長野県須坂市井上	賀茂建角身命《かもたけつぬみのみこと》
越智神社《おち》	長野県須坂《すざか》市幸高《こうたか》	饒速日命《にぎはやひのみこと》
御嶽神社《おんたけ》	長野県木曽郡王滝村	少彦名命《すくなひこなのみこと》
御嶽神社里宮《おんたけ》	長野県木曽郡王滝村	国之常立神《くにのとこたちのかみ》
諏訪大社上社本宮《すわ》	長野県諏訪市中洲宮山	建御名方神《たけみなかたのかみ》
諏訪大社上社前宮	長野県茅野市宮川	建御名方神《たけみなかたのかみ》
諏訪大社下社秋宮、下社春宮	長野県諏訪郡下諏訪町	建御名方神《たけみなかたのかみ》
武水別神社《たけみずわけ》	長野市千曲《ちくま》市八幡	天水分神《あめのみくまりのかみ》・国水分神《くにのみくまりのかみ》
玉依比賣命神社《たまよりひめのみこと》	長野県長野市松代町	玉依姫命《たまよりひめのみこと》
戸隠神社中社《とがくしちゅうしゃ》	長野県長野市戸隠	思兼神《おもいかねのかみ》
戸隠神社日之御子社《ひのみこ》	長野県長野市戸隠	栲幡千千姫命《たくはたちぢひめのみこと》、天鈿女命《あめのうずめのみこと》
戸隠神社奥社	長野県長野市戸隠	天手力男命《あめのたぢからおのみこと》
仁科神明宮《にしなしんめいぐう》	長野県大町《おおまち》市社《やしろ》宮本	天照大神《あまてらすおおみかみ》

入登山《にゅうとうざん》神社	長野県下伊那郡下條村	大山祇神《おおやまづみのかみ》
鼻顔《はなづら》稲荷神社	長野県佐久市岩村田	宇迦之御魂神《うかのみたまのかみ》
穂高《ほたか》神社	長野県安曇野《あづみの》市穂高	綿津見神《わたつみのかみ》
四柱《よはしら》神社	長野県松本市大手	高御産巣日神《たかみむすびのかみ》、神産巣日神《かみむすびのかみ》
天津《あまつ》神社	新潟県糸魚川市一の宮	天太玉命《あめのふとだまのみこと》、邇邇芸命《ににぎのみこと》
石船《いわふね》神社	新潟県村上市岩船三日市	饒速日命《にぎはやひのみこと》
鵜川《うかわ》神社	新潟県柏崎市宮場町	鸕鶿草葺不合命《うがやふきあえずのみこと》
大蔵《おおくら》神社	新潟県胎内市下館《しもたて》	神武天皇《じんむてんのう》
金山《かなやま》神社	新潟県三条市八幡町	金山彦神《かなやまひこのかみ》・金山姫神《かなやまひめのかみ》
菅原《すがわら》神社	新潟県上越市清里区	天穂日命《あめのほひのみこと》
能生《のう》白山《はくさん》神社	新潟県糸魚川市能生《のう》	菊理媛神《くくりひめのかみ》
白山《はくさん》神社	新潟県新潟市中央区一番堀通町	伊邪那岐命《いざなぎのみこと》・伊邪那美命《いざなみのみこと》、菊理媛神《くくりひめのかみ》
日枝《ひえ》神社	新潟県五泉市村松甲	大山咋神《おおやまくいのかみ》
弥彦《やひこ》神社	新潟県西蒲原《かんばら》郡弥彦村	天香山命《あめのかぐやまのみこと》
度都《わたつ》神社	新潟県佐渡市羽茂《はもち》飯岡	五十猛命《いそたけるのみこと》

【北陸】

射水《いみず》神社	富山県高岡市古城《こじょう》	邇邇芸命《ににぎのみこと》
雄神《おかみ》神社	富山県砺波《となみ》市庄川町	高龗神《たかおかみのかみ》
雄山《おやま》神社	富山県中新川郡立山町	伊邪那岐命《いざなぎのみこと》、天手力男命《あめのたぢからおのみこと》
櫛田《くしだ》神社	富山県射水市串田	稲田姫命《いなだひめのみこと》
高瀬《たかせ》神社	富山県南砺《なんと》市高瀬	五十猛命《いそたけるのみこと》
日枝《ひえ》神社	富山県富山市山王町	大山咋神《おおやまくいのかみ》
御田《みた》神社	富山県氷見《ひみ》市仏生寺	大年神《おおとしのかみ》
荒石比古《あらいしひこ》神社	石川県七尾市川尻町	石凝姥命《いしこりどめのみこと》
伊須流岐比古《いするぎひこ》神社	石川県鹿島郡中能登町	天目一箇命《あめのまひとつのみこと》
大野《おおの》湊《みなと》神社	石川県金沢市寺中町	猿田彦命《さるたひこのみこと》
気多《けた》大社	石川県羽咋《はくい》市寺家町	大国主命《おおくにぬしのみこと》
白山比咩《しらやまひめ》神社	石川県白山《はくさん》市三宮町	菊理媛神《くくりひめのかみ》
菅生石部《すごういしべ》神社	石川県加賀市大聖寺《だいしょうじ》敷地	鸕鶿草葺不合命《うがやふきあえずのみこと》
住吉《すみよし》神社	石川県輪島市鳳至《ふげし》町	住吉三神《すみよしさんじん》
瀬織津姫《せおりつめ》神社	石川県金沢市別所町	八十禍津日神《やそまがつひのかみ》・大禍津日神《おおまがつひのかみ》

服部《はとり》神社	石川県加賀市山代《やましろ》温泉	天《あめの》羽《は》槌《づち》雄《お》神《のかみ》
額《ぬか》神社	石川県かほく市高松	鹿屋野姫《かやのひめ》神《のかみ》
大瀧《おおたき》神社摂社 岡太《おかだ》神社	福井県越前市大滝町	罔象女《みずはのめ》神《のかみ》
大虫《おおむし》神社	福井県越前市大虫町	彦火火出見《ひこほほでみ》命《のみこと》
香山《かごやま》神社	福井県大飯郡高浜町	天《あめの》香山《かぐやま》命《のみこと》
気比《けひ》神宮	福井県敦賀市曙町	日本武《やまとたける》尊《のみこと》
毛谷黒龍《けやくろたつ》神社	福井県福井市毛矢	高龗《たかおかみ》神《のかみ》
須部《すべ》神社	福井県三方上中《みかたかみなか》郡若狭町	蛭子《ひるこ》命《のみこと》
日枝《ひえ》神社	福井県大飯《おおい》郡おおい町	大山咋《おおやまくい》神《のかみ》
平泉寺《へいせんじ》白山《はくさん》神社	福井県勝山市平泉寺町	菊理媛《くくりひめ》神《のかみ》
若狭彦《わかさひこ》神社	福井県小浜《おばま》市竜前《りゅうぜん》	彦火火出見《ひこほほでみ》命《のみこと》
若狭姫《わかさひめ》神社	福井県小浜市遠敷《おにゅう》	豊玉姫《とよたまひめ》命《のみこと》

【東海】

秋葉山《あきはさん》本宮 秋葉神社	静岡県浜松市天竜区	迦具土《かぐつち》神《のかみ》
荒木《あらき》神社	静岡県伊豆の国市原木《ばらき》	天津日子根《あまつひこね》命《のみこと》
伊豆山《いずさん》神社	静岡県熱海市伊豆山	迦具土《かぐつち》神《のかみ》
大井《おおい》神社	静岡県島田市大井町	天照大神《あまてらすおおみかみ》、波邇夜須毘売《はにやすひめ》神《のかみ》、罔象女《みずはのめ》神《のかみ》
大室山浅間《おおむろやませんげん》神社	静岡県伊東市富戸《ふと》	磐長姫《いわながひめ》命《のみこと》
小国《おくに》神社	静岡県周智《しゅうち》郡森町	大国主《おおくにぬし》命《のみこと》
蒲神明宮《かばしんめいぐう》	静岡県浜松市東区	豊受大神《とようけのおおかみ》
来宮《きのみや》神社	静岡県熱海市西山町	五十猛《いそたける》命《のみこと》
貴船《きふね》神社	静岡県磐田市掛塚	高龗《たかおかみ》神《のかみ》
雲見浅間《くもみせんげん》神社	静岡県賀茂郡松崎町	磐長姫《いわながひめ》命《のみこと》
五社《ごしゃ》神社・諏訪神社	静岡県浜松市中区	天《あめの》太玉《ふとだま》命《のみこと》
五社《ごしゃ》神社・諏訪神社	静岡県浜松市中区	天《あめの》児屋根《こやね》命《のみこと》
白羽《しろわ》神社	静岡県御前崎《おまえざき》市白羽	彦火火出見《ひこほほでみ》命《のみこと》、豊玉姫《とよたまひめ》命《のみこと》、玉依姫《たまよりひめ》命《のみこと》
建穂《たきょう》神社	静岡県静岡市葵《あおい》区	保食《うけもち》神《のかみ》
富士山本宮浅間《ふじさんほんぐうせんげん》大社	静岡県富士宮市宮町	邇邇芸《ににぎ》命《のみこと》、木花開耶姫《このはなさくやひめ》命《のみこと》
三嶋《みしま》大社	静岡県三島市大宮町	大山祇《おおやまづみ》神《のかみ》、事代主《ことしろぬし》神《のかみ》

見目《みるめ》神社	静岡県裾野市麦塚	天香山命《あめのかぐやまのみこと》
焼津《やいづ》神社	静岡県焼津市焼津	日本武尊《やまとたけるのみこと》
湯前《ゆぜん》神社	静岡県熱海市上宿町	少彦名命《すくなひこなのみこと》
別雷《わけいかづち》 神社	静岡県静岡市葵区	賀茂別雷命《かもわけいかづちのみこと》
赤日子《あかひこ》神社	愛知県蒲郡《がまごおり》市神ノ郷町	豊玉姫命《とよたまひめのみこと》
熱田《あつた》神宮	愛知県名古屋市熱田区	天照大神《あまてらすおおみかみ》、 日本武尊《やまとたけるのみこと》
熱田神宮境外摂社 高倉結御子《たかくらむすびみこ》神社	愛知県名古屋市熱田区	天香山命《あめのかぐやまのみこと》
尾張多賀《おわりたが》神社	愛知県常滑市苅谷洞の脇	伊邪那岐命《いざなぎのみこと》
金山《かなやま》神社	愛知県名古屋市熱田区	天目一箇命《あめのまひとつのみこと》
萱津《かやつ》神社	愛知県あま市上萱津車屋	鹿屋野姫神《かやのひめのかみ》
塩竈《しおがま》神社	愛知県名古屋市天白区	塩土老翁神《しおつちおじのかみ》
高牟《たかむ》神社	愛知県名古屋市千種区今池	高御産巣日神《たかみむすびのかみ》、 神産巣日神《かみむすびのかみ》
知立《ちりゅう》神社	愛知県知立市西町	鸕鷀草葺不合命《うがやふきあえずのみこと》
津島《つしま》神社	愛知県津島市神明町	素盞嗚尊《すさのおのみこと》
灰寶《はいほう》神社	愛知県豊田市越戸《こしど》町	波邇夜須毘古神《はにやすひこのかみ》・ 波邇夜須毘売神《はにやすひめのかみ》
白龍《はくりゅう》神社	愛知県名古屋市中村区	高龗神《たかおかみのかみ》

深川《ふかがわ》神社	愛知県瀬戸市深川町	天津日子根命《あまつひこねのみこと》
真清田《ますみだ》神社	愛知県一宮市真清田	天火明命《あめのほあかりのみこと》
和志取《わしとり》神社	愛知県安城市柿碕町	天日鷲神《あめのひわしのかみ》
阿多由太《あたゆた》神社	岐阜県高山市国府町	大年神《おおとしのかみ》
荒城《あらき》神社	岐阜県高山市国府町	天水分神《あめのみくまりのかみ》・ 国水分神《くにのみくまりのかみ》
伊豆《いず》神社	岐阜県岐阜市切通《きりどおし》	磐長姫命《いわながひめのみこと》
手力雄《てぢからお》神社	岐阜県各務原《かかみはら》市那加《なか》手力《てぢから》町	天手力男命《あめのたぢからおのみこと》
長滝白山《ながたきはくさん》神社	岐阜県郡上市白鳥町	菊理媛神《くくりひめのかみ》
長彦《ながひこ》神社	岐阜県大垣市上石津町	天御柱神《あめのみはしらのかみ》・ 国御柱神《くにのみはしらのかみ》
南宮《なんぐう》大社	岐阜県不破郡垂井《たるい》町	金山彦神《かなやまひこのかみ》・ 金山姫神《かなやまひめのかみ》
飛騨一宮《ひだいちのみや》 水無《みなし》神社	岐阜県高山市一之宮町	大年神《おおとしのかみ》
敢國《あえくに》神社	三重県伊賀市一之宮	金山彦神《かなやまひこのかみ》・ 金山姫神《かなやまひめのかみ》
伊勢神宮《いせじんぐう》外宮 (豊受大神宮)	三重県伊勢市豊川町	豊受大神《とようけのおおかみ》

伊勢神宮《いせじんぐう》外宮・風宮《かざみや》	三重県伊勢市豊川町	天御柱神《あめのみはしらのかみ》・国御柱神《くにのみはしらのかみ》
伊勢神宮《いせじんぐう》外宮 別宮・月夜見宮《つきよみのみや》	三重県伊勢市宮後	月読命《つきよみのみこと》
伊勢神宮《いせじんぐう》内宮（皇大神宮《こうたいじんぐう》）	三重県伊勢市宇治館町	天照大神《あまてらすおおみかみ》
伊勢神宮《いせじんぐう》内宮 風日祈宮《かざひのみのみや》	三重県伊勢市宇治館町	天御柱神《あめのみはしらのかみ》・国御柱神《くにのみはしらのかみ》
伊勢神宮《いせじんぐう》内宮 所管社宮比神《みやびのかみ》	三重県伊勢市宇治館町	天鈿女命《あめのうずめのみこと》
伊勢神宮《いせじんぐう》内宮別宮・月読荒御魂宮《つきよみあらみたまのみや》	三重県伊勢市中村町	月読命《つきよみのみこと》
桑名宗社《くわなそうしゃ》	三重県桑名市本町	天津日子根命《あまつひこねのみこと》
皇大神宮《こうたいじんぐう》所管社 子安《こやす》神社	三重県伊勢市宇治館町	木花開耶姫命《このはなさくやひめのみこと》
皇大神宮《こうたいじんぐう》別宮 荒祭宮《あらまつりのみや》	三重県伊勢市宇治館町	栲幡千千姫命《たくはたちぢひめのみこと》
皇大神宮《こうたいじんぐう》別宮 伊佐奈岐宮《いざなぎのみや》	三重県伊勢市中村町	伊邪那岐命《いざなぎのみこと》
皇大神宮《こうたいじんぐう》別宮 伊佐奈弥宮《いざなみのみや》	三重県伊勢市中村町	伊邪那美命《いざなみのみこと》

佐那《さな》神社	三重県多気郡多気町	天手力男命《あめのたぢからおのみこと》
猿田彦《さるたひこ》神社	三重県伊勢市宇治浦田	猿田彦命《さるたひこのみこと》
猿田彦《さるたひこ》神社境内 佐瑠女《さるめ》神社	三重県伊勢市宇治浦田	天鈿女命《あめのうずめのみこと》
高倉《たかくら》神社	三重県伊賀市西高倉	天香山命《あめのかぐやまのみこと》
多度《たど》大社	三重県桑名郡多度町	天津日子根命《あまつひこねのみこと》
多度《たど》大社別宮 一目連《いちもくれん》社	三重県桑名郡多度町	天目一箇命《あめのまひとつのみこと》
椿大神社《つばきおおかみやしろ》	三重県鈴鹿市山本町	猿田彦命《さるたひこのみこと》、栲幡千千姫命《たくはたちぢひめのみこと》
椿大神社《つばきおおかみやしろ》別宮 椿岸《つばききし》神社	三重県鈴鹿市山本町	天鈿女命《あめのうずめのみこと》
都波岐奈加等《つばきなかと》神社	三重県鈴鹿市一ノ宮町	猿田彦命《さるたひこのみこと》
都美恵《つみえ》神社	三重県伊賀市柘植《つげ》町	栲幡千千姫命《たくはたちぢひめのみこと》
豊受大神宮《とようけだいじんぐう》末社 志宝屋《しおや》神社	三重県伊勢市大湊町	塩土老翁神《しおつちおじのかみ》
能褒野《のぼの》神社	三重県亀山市田村町	日本武尊《やまとたけるのみこと》
花窟《はなのいわや》神社	三重県熊野市有馬町	伊邪那美命《いざなみのみこと》
陽夫多《やぶた》神社	三重県伊賀市馬場	天火明命《あめのほあかりのみこと》

【近畿】

阿賀《あが》神社　滋賀県東近江市小脇町　天忍穂耳命《あめのおしほみみのみこと》

愛宕《あたご》神社・陶器神社・秋葉神社　滋賀県甲賀市信楽町　迦具土神《かぐつちのかみ》

伊砂々《いささ》神社　滋賀県草津市渋川　磐長姫命《いわながひめのみこと》

石作《いしつくり》・玉作《たまつくり》神社　滋賀県長浜市木之本町　玉祖命《たまのおやのみこと》

馬見岡綿向《うまみおかわたむき》神社　滋賀県蒲生郡日野町　天穂日命《あめのほひのみこと》

大水別《おおみずわけ》神社　滋賀県長浜市余呉《よご》町　天水分神《あめのみくまりのかみ》・国水分神《くにのみくまりのかみ》

胡宮《このみや》神社　滋賀県犬上郡多賀町　塩土老翁神《しおつちおじのかみ》

志那《しな》神社　滋賀県草津市志那町　天御柱神《あめのみはしらのかみ》・国御柱神《くにのみはしらのかみ》

白鬚《しらひげ》神社　滋賀県犬上郡多賀町　猿田彦命《さるたひこのみこと》

多賀《たが》大社　滋賀県草津市渋川　伊邪那岐命《いざなぎのみこと》・伊邪那美命《いざなみのみこと》

竹田《たけだ》神社　滋賀県東近江市鋳物師町　天目一箇命《あめのまひとつのみこと》

建部《たけべ》大社　滋賀県大津市神領　日本武尊《やまとたけるのみこと》、玉祖命《たまのおやのみこと》

竹生島《ちくぶしま》神社　滋賀県長浜市早崎町　宗像三女神《むなかたさんじょしん》

千代《ちよ》神社　滋賀県彦根市京町　天鈿女命《あめのうずめのみこと》

波爾布《はにふ》神社　滋賀県高島市新旭町　波邇夜須毘古神《はにやすひこのかみ》・波邇夜須毘売神《はにやすひめのかみ》

比都佐《ひつさ》神社　滋賀県蒲生郡日野町　天津日子根命《あまつひこねのみこと》

日吉《ひよし》大社東本宮　滋賀県大津市坂本　大山咋神《おおやまくいのかみ》

日吉大社西本宮　滋賀県大津市坂本　大己貴命《おおなむちのみこと》（大国主命《おおくにぬしのみこと》）

山津照《やまつてる》神社　滋賀県米原市能登瀬　国之常立神《くにのとこたちのかみ》

愛宕《あたご》神社　京都府京都市右京区　波邇夜須毘古神《はにやすひこのかみ》・波邇夜須毘売神《はにやすひめのかみ》

愛宕神社若宮社　京都府京都市右京区　迦具土神《かぐつちのかみ》、火雷神《ほのいかづちのかみ》

愛宕神社　京都府亀岡市千歳町　迦具土神《かぐつちのかみ》

天津《あまつ》神社　京都府京都市北区平野宮本町　高御産巣日神《たかみむすびのかみ》、神産巣日神《かみむすびのかみ》

天照玉命《あまてるたまのみこと》神社　京都府福知山市今安　天火明命《あめのほあかりのみこと》、饒速日命《にぎはやひのみこと》

天穂日命《あめのほひのみこと》神社　京都府京都市伏見区　天穂日命《あめのほひのみこと》

綾戸國中《あやとくなか》神社　京都府京都市南区　八十禍津日神《やそまがつひのかみ》・大禍津日神《おおまがつひのかみ》

出雲《いずも》大神宮	京都府亀岡市千歳町	大国主命《おおくにぬしのみこと》
今宮《いまみや》神社	京都府京都市北区	事代主神《ことしろぬしのかみ》、稲田姫命《いなだひめのみこと》
梅宮《うめみや》大社	京都府京都市右京区	彦火火出見命《ひこほほでみのみこと》、大山祇神《おおやまづみのかみ》、木花開耶姫命《このはなさくやひめのみこと》
大歳《おおとし》神社	京都府京都市西京区	大年神《おおとしのかみ》
大原野《おおはらの》神社	京都府京都市西京区	経津主命《ふつぬしのみこと》
賀茂別雷《かもわけいかづち》神社（上賀茂神社）	京都府京都市北区	賀茂別雷命《かもわけいかづちのみこと》
貴船《きふね》神社	京都府京都市左京区	高龗神《たかおかみのかみ》
貴船神社中宮　結社《ゆいのやしろ》	京都府京都市左京区	磐長姫命《いわながひめのみこと》
京都ゑ《え》びす神社	京都府京都市東山区	事代主神《ことしろぬしのかみ》
京都御苑《きょうとぎょえん》　厳島《いつくしま》神社	京都府京都市上京区	宗像三女神《むなかたさんじょしん》
車折《くるまざき》神社境内　芸能《げいのう》神社	京都府京都市右京区	天鈿女命《あめのうずめのみこと》
許波多《こはた》神社	京都府宇治市五ケ庄《ごかしょう》	天忍穂耳命《あめのおしほみみのみこと》
下鴨《しもがも》神社境外摂社　賀茂波爾《かもはに》神社	京都府京都市左京区	波邇夜須毘古神《はにやすひこのかみ》・波邇夜須毘売神《はにやすひめのかみ》
大将軍《たいしょうぐん》神社	京都府京都市北区	磐長姫命《いわながひめのみこと》
高天彦《たかまひこ》神社	奈良県御所市北窪	高御産巣日神《たかみむすびのかみ》
多吉《たき》神社	京都府亀岡市西別院町	高御産巣日神《たかみむすびのかみ》、神産巣日神《かみむすびのかみ》
道相《どうそ》神社	京都府南丹《なんたん》市美山町	神武天皇《じんむてんのう》
奈具《なぐ》神社	京都府宮津市由良	豊受大神《とようけのおおかみ》
羽束師坐《はづかしにます》高御産日《たかみむすび》神社	京都府京都市伏見区羽束師志水町	高御産巣日神《たかみむすびのかみ》、神産巣日神《かみむすびのかみ》
伏見稲荷《ふしみいなり》大社	京都府京都市伏見区	宇迦之御魂神《うかのみたまのかみ》
松尾《まつのお》大社	京都府京都市西京区	大山咋神《おおやまくいのかみ》
松尾大社摂社　月読《つきよみ》神社	京都府京都市西京区	月読命《つきよみのみこと》
向日《むこう》神社	京都府京都市向日《むこう》市	火雷神《ほのいかづちのかみ》
元伊勢籠《もといせこの》神社	京都府宮津市大垣	天火明命《あめのほあかりのみこと》、天水分神《あめのみくまりのかみ》・国水分神《くにのみくまりのかみ》
元伊勢籠《もといせこの》神社　奥宮	京都府宮津市大垣	豊受大神《とようけのおおかみ》
八坂《やさか》神社	京都府京都市東山区	素盞嗚尊《すさのおのみこと》、稲田姫命《いなだひめのみこと》

八坂神社 御本殿西御座	京都府京都市東山区	須《す》勢《せ》理《り》比《ひ》売《め》命《のみこと》、五《い》十《そ》猛《たける》命《のみこと》
吉《よし》田《だ》神社	京都府京都市左京区	経《ふ》津《つ》主《ぬし》命《のみこと》
わら天神宮(敷《しき》地《ち》神社)	京都府京都市北区	天《あめの》日《ひ》鷲《わし》神《のかみ》
生国魂《いくにたま》神社末社 鞴《ふいご》神社	大阪府大阪市天王寺区	石凝姥《いしこりどめ》命《のみこと》、天《あめの》目《ま》一《ひと》箇《つ》命《のみこと》
石《いし》切《きり》剣《つるぎ》箭《や》神社	大阪府東大阪市東石切町	饒《にぎ》速《はや》日《ひ》命《のみこと》
泉《いず》穴《あな》師《し》神社	大阪府大津市豊中	栲《たく》幡《はた》千《ち》千《ぢ》姫《ひめ》命《のみこと》
今《いま》宮《みや》戎《えびす》神社	大阪府大阪市浪速区	事代主《ことしろぬし》神《のかみ》
大鳥《おおとり》大社	大阪府堺市西区	日本《やまと》武《たける》尊《のみこと》
小松《こまつ》神社(星田妙見宮《ほしだみょうけんぐう》)	大阪府交野市星田	天之《あめの》御《み》中主《なかぬし》神《のかみ》
少《すくな》彦《ひこ》名《な》神社	大阪府大阪市中央区	少《すくな》彦《ひこ》名《な》命《のみこと》
住吉《すみよし》大社	大阪府大阪市住吉区	住吉三神《すみよしさんじん》
太川《たがわ》神社	大阪府八尾市南太子堂	保食《うけもち》神《のかみ》
建水分《たけみくまり》神社	大阪府南河内郡千早赤坂村	天《あめの》水分《みくまり》神《のかみ》・国《くにの》水分《みくまり》神《のかみ》、罔象《みずは》女《のめ》神《のかみ》
玉《たま》祖《のおや》神社	大阪府八尾市神立《こうだち》	玉《たま》祖《のおや》命《のみこと》
道明寺天満宮	大阪府藤井寺市道明寺《どうみょうじ》	天《あめの》穂《ほ》日《ひ》命《のみこと》
蜂田神社	大阪府堺市中区	天《あめの》児《こ》屋《や》根《ね》命《のみこと》
日《ひ》根《ね》神社	大阪府泉佐野市日根野	鸕鷀《うが》草《や》葺《ふき》不合《あえず》命《のみこと》
穴栗《あなぐり》神社	奈良県奈良市横井	天《あめの》太玉《ふとだま》命《のみこと》
天《あめの》太玉《ふとだま》命《のみこと》神社	奈良県橿原《かしはら》市忌部町	天《あめの》太玉《ふとだま》命《のみこと》
石上《いそのかみ》神宮	奈良県天理市布留《ふる》町	経《ふ》津《つ》主《ぬし》命《のみこと》
大神《おおみわ》神社	奈良県桜井市三輪	大国主《おおくにぬし》命《のみこと》
鏡《かがみ》作《つくり》神社	奈良県磯城郡三宅町	石凝姥《いしこりどめ》命《のみこと》
鏡《かがみ》作《つくり》坐《にます》天照《あまてる》御魂《みたま》神社	奈良県磯《し》城《き》郡田《た》原《わら》本《もと》町	石凝姥《いしこりどめ》命《のみこと》
橿原《かしはら》神宮	奈良県橿原市久米町	神《じん》武《む》天皇《てんのう》
春日《かすが》大社	奈良県奈良市春日野町	武甕槌《たけみかづち》命《のみこと》、経《ふ》津《つ》主《ぬし》命《のみこと》、天《あめの》児《こ》屋《や》根《ね》命《のみこと》
春日大社末社 夫婦《めおと》大国社《だいこくしゃ》	奈良県奈良市春日野町	須《す》勢《せ》理《り》比《ひ》売《め》命《のみこと》
勝手《かって》神社	奈良県吉野郡吉野町	天《あめの》忍《おし》穂《ほ》耳《みみ》命《のみこと》
葛《かつら》木《ぎ》坐《にいます》火《ほの》雷《いかづち》神社	奈良県葛城《かつらぎ》市笛吹	火《ほのい》雷《かづち》神《のかみ》

金峯《きんぷ》神社	奈良県吉野郡吉野町	金山彦神《かなやまひこのかみ》・金山姫神《かなやまひめのかみ》
櫛玉命《くしたまのみこと》神社	奈良県高市《たかいち》郡明日香村	玉祖命《たまのおやのみこと》
国常立《くにとこたち》神社	奈良県橿原市南浦町	国之常立神《くにのとこたちのかみ》
白山《しらやま》神社	奈良県天理市杣之内《そまのうち》町	菊理媛神《くくりひめのかみ》
菅田《すがた》神社	奈良県大和郡山市八条町	天目一箇命《あめのまひとつのみこと》
當麻山口《たいまやまぐち》神社	奈良県葛城市当麻町	木花開耶姫命《このはなさくやひめのみこと》
竹田《たけだ》神社	奈良県橿原市東竹田町	天香山命《あめのかぐやまのみこと》
高市御縣《たけちのみあがた》神社	奈良県橿原市四条町	天津日子根命《あまつひこねのみこと》
玉置《たまき》神社	奈良県吉野郡十津川村	国之常立神《くにのとこたちのかみ》、神武天皇《じんむてんのう》
丹生川上《にうかわかみ》神社上社	奈良県吉野郡川上村	高龗神《たかおかみのかみ》
丹生川上神社下社	奈良県吉野郡川上村	高龗神《たかおかみのかみ》
丹生川上神社中社	奈良県吉野郡東吉野村	罔象女神《みずはのめのかみ》
広瀬《ひろせ》大社	奈良県北葛城郡河合町	豊受大神《とようけのおおかみ》
賣太《めた》神社	奈良県大和郡山市稗田《ひえだ》町	天鈿女命《あめのうずめのみこと》
八咫烏《やたがらす》神社	奈良県宇陀《うだ》市榛原《はいばら》高塚	賀茂建角身命《かもたけつぬみのみこと》
八咫烏《やたがらす》神社	奈良県橿原市五条野町	賀茂建角身命《かもたけつぬみのみこと》
矢田坐久志玉《やだにますくしたま》比古《ひこ》神社	奈良県大和郡山市矢田町	饒速日命《にぎはやひのみこと》
吉野水分《よしのみくまり》神社	奈良県吉野郡吉野町	栲幡千千姫命《たくはたちぢひめのみこと》
淡嶋《あわしま》神社	和歌山県和歌山市加太《かだ》	少彦名命《すくなひこなのみこと》
伊太祁曽《いたきそ》神社	和歌山県和歌山市伊太祈曽《いだきそ》	五十猛命《いそたけるのみこと》
熊野速玉《くまのはやたま》大社	和歌山県新宮市新宮	国之常立神《くにのとこたちのかみ》
熊野速玉大社摂社神倉《かみくら》神社	和歌山県新宮市神倉	天香山命《あめのかぐやまのみこと》
熊野速玉大社境内八咫烏《やたがらす》神社	和歌山県新宮市新宮	賀茂建角身命《かもたけつぬみのみこと》
熊野本宮《くまのほんぐう》大社	和歌山県田辺市本宮町	素戔嗚尊《すさのおのみこと》
日前《ひのくま》神宮・國懸《くにかかす》神宮（日前神宮）	和歌山県和歌山市秋月	思兼神《おもいかねのかみ》、石凝姥命《いしこりどめのみこと》
日前神宮・國懸神宮（國懸神宮）	和歌山県和歌山市秋月	玉祖命《たまのおやのみこと》、天鈿女命《あめのうずめのみこと》
日前神宮・國懸神宮末社深草《ふかくさ》神社	和歌山県和歌山市秋月	鹿屋野姫神《かやのひめのかみ》
力侍《りきし》神社	和歌山県和歌山市川辺	天手力男命《あめのたぢからおのみこと》
芦屋《あしや》神社	兵庫県芦屋市東芦屋町	天穂日命《あめのほひのみこと》

天照《あまてる》神社　兵庫県竜野市竜野町　天火明命《あめのほあかりのみこと》
天目一《あめのまひとつ》神社　兵庫県西脇市大木町　天目一箇命《あめのまひとつのみこと》
伊弉諾《いざなぎ》神宮　兵庫県淡路市多賀　伊邪那岐命《いざなぎのみこと》・伊邪那美命《いざなみのみこと》
射楯兵主《いたてひょうず》神社　兵庫県姫路市総社本町　五十猛命《いそたけるのみこと》
伊福部《いふくべ》神社　兵庫県豊岡市出石町　天香山命《あめのかぐやまのみこと》
倭文《いもん》神社　兵庫県朝来《あさご》市生野町　天羽槌雄神《あめのはづちおのかみ》
磐長姫《いわながひめ》神社　兵庫県尼崎市武庫之荘《むこのそう》西　磐長姫命《いわながひめのみこと》
岡太《おかた》神社　兵庫県西宮市小松南町　天之御中主神《あめのみなかぬしのかみ》
海《かい》神社　兵庫県神戸市垂水区宮本町　綿津見神《わたつみのかみ》
鹿嶋《かしま》神社　兵庫県高砂市阿弥陀町　武甕槌命《たけみかづちのみこと》
賀茂《かも》神社　兵庫県たつの市御津町　賀茂別雷命《かもわけいかづちのみこと》
絹巻《きぬまき》神社　兵庫県豊岡市気比《けひ》　天火明命《あめのほあかりのみこと》
須賀《すが》神社　兵庫県日高郡みなべ町　稲田姫命《いなだひめのみこと》
菅田《すがた》神社　兵庫県小野市菅田　天目一箇命《あめのまひとつのみこと》
住吉《すみよし》神社　兵庫県明石市魚住町　住吉三神《すみよしさんじん》
大歳《だいさい》神社　兵庫県宍粟《しそう》市一宮町　大年神《おおとしのかみ》
湯泉《とうせん》神社　兵庫県神戸市北区　少彦名命《すくなひこなのみこと》
長田《ながた》神社　兵庫県神戸市長田区　事代主神《ことしろぬしのかみ》
西宮《にしのみや》神社　兵庫県西宮市社家《しゃけ》町　蛭子命《ひるこのみこと》
二宮《にのみや》神社　兵庫県神戸市中央区　天忍穂耳命《あめのおしほみみのみこと》
広峰《ひろみね》神社　兵庫県姫路市広嶺山　五十猛命《いそたけるのみこと》

【中国】

加知彌《かちみ》神社　鳥取県鳥取市鹿野町　玉依姫命《たまよりひめのみこと》
鸕鷀草葺不合命《うがやふきあえずのみこと》
天津《あまつ》神社　島根県邑智郡美郷町　高御産巣日神《たかみむすびのかみ》
出雲《いずも》大社　島根県出雲市大社町　大国主命《おおくにぬしのみこと》
出雲大社御本殿御客座　島根県出雲市大社町　天之御中主神《あめのみなかぬしのかみ》、高御産巣日神《たかみむすびのかみ》、神産巣日神《かみむすびのかみ》
出雲大社摂社御向社《みむかいのやしろ》　島根県出雲市大社町　須勢理比売命《すせりひめのみこと》
五十猛《いそたけ》神社　島根県大田市五十猛町　五十猛命《いそたけるのみこと》
金屋子《かなやご》神社　島根県雲南市吉田町　天目一箇命《あめのまひとつのみこと》
金屋子《かなやご》神社　島根県飯石郡飯南町　天目一箇命《あめのまひとつのみこと》
佐太《さだ》神社　島根県松江市鹿島町　伊邪那岐命《いざなぎのみこと》・伊邪那美命《いざなみのみこと》
須我《すが》神社　島根県雲南《うんなん》市大東町　稲田姫命《いなだひめのみこと》

須佐《すさ》神社	島根県出雲市佐田町	素盞嗚《すさのお》 尊《のみこと》
玉作湯《たまつくりゆ》神社	島根県松江市玉湯町	玉祖《たまのおや》 命《のみこと》
玉若酢命《たまわかすのみこと》神社	島根県隠岐郡隠岐の島町	須勢理比売《すせりひめ》 命《のみこと》
能義《のき》神社	島根県安来《やすぎ》市能義町	天穂日《あめのほひ》 命《のみこと》
日御碕《ひのみさき》神社	島根県出雲市大社町	天照大神《あまてらすおおみかみ》
法吉《ほっき》神社	島根県松江市法吉町	天太玉《あめのふとだま》 命《のみこと》
美保《みほ》神社	島根県松江市美保関町	事代主神《ことしろぬしのかみ》
物部《もののべ》神社	島根県大田市川合《かわい》町	饒速日《にぎはやひ》 命《のみこと》
八重垣《やえがき》神社	島根県松江市佐草《さくさ》町	素盞嗚《すさのお》 尊《のみこと》
八重垣神社 奥の院天鏡神社	島根県松江市佐草町	稲田姫《いなだひめ》 命《のみこと》
伊勢《いせ》神社	岡山県岡山市北区	栲幡千千姫《たくはたちぢひめ》 命《のみこと》
石長姫《いわながひめ》神社	岡山県備前市香澄《かがと》西	磐長姫《いわながひめ》 命《のみこと》
神島《こうのしま》神社	岡山県笠岡市神島外浦	神武天皇《じんむてんのう》
菅生《すごう》神社	岡山県倉敷市裕安	高御産巣日神《たかみむすびのかみ》
吉備津彦《きびつひこ》神社	岡山県岡山市北区一宮	国之常立神《くにのとこたちのかみ》
高野《たかの》神社	岡山県津山市二宮	鸕鷀草葺不合《うがやふきあえず》 命《のみこと》
中山《なかやま》神社	岡山県津山市一宮	石凝姥《いしこりどめ》 命《のみこと》
備前国総社宮《びぜんのくにそうじゃぐう》	岡山県岡山市中区	須勢理比売《すせりひめ》 命《のみこと》
厳島《いつくしま》神社	広島県廿日《はつかいち》市市宮島町	宗像三女神《むなかたさんじょしん》
草戸《くさど》稲荷神社	広島県福山市草戸町	宇迦之御魂神《うかのみたまのかみ》
住吉《すみよし》神社	広島県広島市中区住吉町	住吉三神《すみよしさんじん》
沼名前《ぬなくま》神社	広島県福山市鞆《とも》町	素盞嗚《すさのお》 尊《のみこと》
沼名前《ぬなくま》神社	広島県福山市鞆《とも》町 後地《うしろじ》	綿津見神《わたつみのかみ》
大歳《おおとし》神社	山口県下関市竹崎町	大年神《おおとしのかみ》
住吉《すみよし》神社	山口県下関市一の宮住吉	住吉三神《すみよしさんじん》
玉祖《たまのおや》神社	山口県防府《ほうふ》市大崎	玉祖《たまのおや》 命《のみこと》
船路《ふなじ》八幡宮	山口県山口市徳地《とくぢ》船路《ふなじ》	玉祖《たまのおや》 命《のみこと》
龍王《りゅうおう》神社	山口県下関市吉見下	玉依姫《たまよりひめ》 命《のみこと》

【四国】

粟井《あわい》神社	香川県観音寺市粟井町	天太玉《あめのふとだま》 命《のみこと》
宇閇《うえ》神社	香川県丸亀市綾歌《あやうた》町	鸕鷀草葺不合《うがやふきあえず》 命《のみこと》
神谷《かんだに》神社	香川県坂出市神谷町	迦具土神《かぐつちのかみ》
神野《かんの》神社	香川県仲多度郡まんのう町	賀茂別雷《かもわけいかづち》 命《のみこと》
雲気《くもげ》神社	香川県善通寺市弘田町	火雷神《ほのいかづちのかみ》
白鳥《しろとり》神社	香川県東かがわ市松原	日本武《やまとたける》 尊《のみこと》
田村《たむら》神社	香川県高松市一宮町	天香山《あめのかぐやま》 命《のみこと》
忌部《いんべ》神社	徳島県徳島市二軒屋町	天日鷲神《あめのひわしのかみ》
蛭子《えびす》神社	徳島県徳島市南沖洲	蛭子《ひるこ》 命《のみこと》

大麻比古《おおあさひこ》神社	徳島県鳴門市大麻町	天太玉命《あめのふとだまのみこと》
鹿江比売《かえひめ》神社	徳島県板野郡上板町	鹿屋野姫神《かやのひめのかみ》
事代主《ことしろぬし》神社	徳島県阿波市市場町	事代主神《ことしろぬしのかみ》
津峯《つのみね》神社	徳島県阿南市津乃峰町	大山祇神《おおやまづみのかみ》
西照《にしてる》神社	徳島県美馬《みま》市脇町	月読命《つきよみのみこと》
埴山姫《はにやまひめ》神社	徳島県美馬市脇町	波邇夜須毘古神《はにやすひこのかみ》・ 波邇夜須毘売神《はにやすひめのかみ》
阿沼美《あぬみ》神社	愛媛県松山市平田町	高龗神《たかおかみのかみ》
大山祇《おおやまづみ》神社	愛媛県今治市大三島町宮浦	大山祇神《おおやまづみのかみ》
鹿島《かしま》神社	愛媛県松山市北条辻	武甕槌命《たけみかづちのみこと》
周敷《すふ》神社	愛媛県西条市周布《しゅう》	天火明命《あめのほあかりのみこと》
湯《ゆ》神社	愛媛県松山市道後湯之町	少彦名命《すくなひこなのみこと》
天之忍穂別《あめのおしほわけ》神社	高知県香南市香我美《かがみ》町	天忍穂耳命《あめのおしほみみのみこと》
椙本《すぎもと》神社	高知県吾川郡いの町	稲田姫命《いなだひめのみこと》
室津《むろつ》神社	高知県室戸市室	天津日子根命《あまつひこねのみこと》

【九州・沖縄】

雷《いかづち》神社	福岡県糸島市雷山	火雷神《ほのいかづちのかみ》
伊勢天照御祖《いせあまてらすみおや》神社	福岡県久留米市大石町	天火明命《あめのほあかりのみこと》
久留米水天宮《くるめすいてんぐう》	福岡県久留米市瀬下《せのした》町	天之御中主神《あめのみなかぬしのかみ》
警固《けご》神社	福岡県福岡市中央区	八十禍津日神《やそまがつひのかみ》・ 大禍津日神《おおまがつひのかみ》
桜井《さくらい》神社	福岡県糸島市志摩桜井	八十禍津日神《やそまがつひのかみ》・ 大禍津日神《おおまがつひのかみ》
猿田彦《さるたひこ》神社	福岡県福岡市早良《さわら》区	猿田彦命《さるたひこのみこと》
志賀海《しかうみ》神社	福岡県福岡市東区志賀島	綿津見神《わたつみのかみ》
住吉《すみよし》神社	福岡県福岡市博多区	住吉三神《すみよしさんじん》
太宰府《だざいふ》天満宮	福岡県太宰府市宰府《さいふ》	
摂社天穂日命社		天穂日命《あめのほひのみこと》
筥崎宮《はこざきぐう》	福岡県福岡市東区	玉依姫命《たまよりひめのみこと》
英彦山《ひこさん》神宮	福岡県田川郡添田町	伊邪那岐命《いざなぎのみこと》・ 伊邪那美命《いざなみのみこと》
御祖《みおや》神社	福岡県北九州市小倉北区	天之御中主神《あめのみなかぬしのかみ》
宗像《むなかた》大社	福岡県宗像市田島	宗像三女神《むなかたさんじょしん》
和布刈《めかり》神社大社	福岡県北九州市門司区門司	鸕鷀草葺不合命《うがやふきあえずのみこと》
宇佐《うさ》神宮末社 水分《みくまり》神社	大分県宇佐市南宇佐	天水分神《あめのみくまりのかみ》・ 国水分神《くにのみくまりのかみ》
扇森稲荷《おうぎもりいなり》神社	大分県竹田《たけた》市拝田原《はいたばる》	宇迦之御魂神《うかのみたまのかみ》

西寒多《ささむた》神社	大分県大分市寒田	思兼神《おもいかねのかみ》、月読命《つきよみのみこと》、天忍穂耳命《あめのおしほみみのみこと》
早吸日女《はやすいひめ》神社	大分県大分市佐賀関	八十禍津日神《やそまがつひのかみ》・大禍津日神《おおまがつひのかみ》
火男火売《ほのおほのめ》神社 下宮	大分県別府市火売《ほのめ》	迦具土神《かぐつちのかみ》
葦木《あしき》神社	佐賀県東松浦郡玄海町	稚産霊神《わくむすびのかみ》
綾部八幡《あやべはちまん》神社	佐賀県三養基《みやき》郡みやき町	天御柱神《あめのみはしらのかみ》・国御柱神《くにのみはしらのかみ》
伊勢《いせ》神社	佐賀県佐賀市伊勢町	天照大神《あまてらすおおみかみ》
唐津《からつ》神社	佐賀県唐津市南城内	罔象女神《みずはのめのかみ》
金立《きんりゅう》神社上宮	佐賀県佐賀市金立町	保食神《うけもちのかみ》
田島《たじま》神社	佐賀県唐津市呼子《よぶこ》町	宗像三女神《むなかたさんじょしん》
豊玉姫《とよたまひめ》神社	佐賀県嬉野《うれしの》市嬉野町	彦火火出見命《ひこほほでみのみこと》、豊玉姫命《とよたまひめのみこと》
祐徳《ゆうとく》稲荷神社	佐賀県鹿島市古枝	宇迦之御魂神《うかのみたまのかみ》、大宮能売命《おおみやのめのみこと》
亀山《かめやま》八幡宮	長崎県佐世保市八幡町	保食神《うけもちのかみ》
興《こう》神社	長崎県壱岐市芦辺町	思兼神《おもいかねのかみ》

塞《さい》神社	長崎県壱岐市郷ノ浦町	天鈿女命《あめのうずめのみこと》
山王《さんのう》神社	長崎県長崎市坂本	大山咋神《おおやまくいのかみ》
住吉《すみよし》神社	長崎県壱岐《いき》市芦辺町	住吉三神《すみよしさんじん》
多久頭魂《たくづたま》神社	長崎県対馬市厳原《いづはら》町	天忍穂耳命《あめのおしほみみのみこと》
鎮西大社《ちんぜいたいしゃ》 諏訪《すわ》神社	長崎県長崎市上西山町	住吉三神《すみよしさんじん》、建御名方神《たけみなかたのかみ》
浜殿《はまどの》神社	長崎県対馬市豊玉町	綿津見神《わたつみのかみ》
和多都美《わたづみ》神社	長崎県対馬市豊玉町	彦火火出見命《ひこほほでみのみこと》、豊玉姫命《とよたまひめのみこと》
薄野一目《うすのひとつめ》神社	熊本県山鹿《やまが》市久原《くばる》	天目一箇命《あめのまひとつのみこと》
風宮《かざみや》神社	熊本県阿蘇市一の宮町	天御柱神《あめのみはしらのかみ》・国御柱神《くにのみはしらのかみ》
北岡《きたおか》神社	熊本県熊本市西区	天津日子根命《あまつひこねのみこと》
高橋稲荷《たかはしいなり》神社	熊本県熊本市上代	宇迦之御魂神《うかのみたまのかみ》
青島《あおしま》神社	宮崎県宮崎市青島	彦火火出見命《ひこほほでみのみこと》、豊玉姫命《とよたまひめのみこと》、塩土老翁神《しおつちおじのかみ》
安賀多《あがた》神社	宮崎県延岡市古川町	天手力男命《あめのたぢからおのみこと》
天岩戸《あまのいわと》神社 西本宮	宮崎県西臼杵《うすき》郡高千穂町	天手力男命《あめのたぢからおのみこと》

鵜戸《うど》神宮	宮崎県日南市宮浦	邇邇芸命《ににぎのみこと》、鸕鷀草葺不合命《うがやふきあえずのみこと》、神武天皇《じんむてんのう》
鵜戸神宮境内 九柱《ここのはしら》神社	宮崎県日南市宮浦	綿津見神《わたつみのかみ》、住吉三神《すみよしさんじん》
江田《えだ》神社	宮崎県宮崎市阿波岐原町	伊邪那岐命《いざなぎのみこと》・伊邪那美命《いざなみのみこと》
銀鏡《しろみ》神社	宮崎県西都《さいと》市銀鏡	磐長姫命《いわながひめのみこと》
高千穂《たかちほ》神社	宮崎県西臼杵郡高千穂町	邇邇芸命《ににぎのみこと》、玉依姫命《たまよりひめのみこと》
都萬《つま》神社	宮崎県西都市大字妻	木花開耶姫命《このはなさくやひめのみこと》
三宅《みやけ》神社	宮崎県西都市三宅	石凝姥命《いしこりどめのみこと》
宮崎《みやざき》神宮	宮崎県宮崎市神宮	鸕鷀草葺不合命《うがやふきあえずのみこと》、神武天皇《じんむてんのう》
鹿児島《かごしま》神社	鹿児島県鹿児島市草牟田《そうむた》	綿津見神《わたつみのかみ》
鹿児島神宮	鹿児島県霧島市隼人《はやと》町	彦火火出見命《ひこほほでみのみこと》、豊玉姫命《とよたまひめのみこと》
霧島《きりしま》神宮	鹿児島県霧島市霧島田口	邇邇芸命《ににぎのみこと》、木花開耶姫命《このはなさくやひめのみこと》、玉依姫命《たまよりひめのみこと》

多賀《たが》神社	鹿児島県鹿児島市清水町	伊邪那岐命《いざなぎのみこと》・伊邪那美命《いざなみのみこと》
新田《にった》神社	鹿児島県薩摩川内市宮内町	天忍穂耳命《あめのおしほみみのみこと》、邇邇芸命《ににぎのみこと》
枚聞《ひらきき》神社	鹿児島県指宿《いぶすき》郡開聞十町《かいもんじゅっちょう》	天穂日命《あめのほひのみこと》
蛭児《ひるこ》神社	鹿児島県霧島市隼人町	蛭子命《ひるこのみこと》
益救《やく》神社	鹿児島県熊毛郡屋久島町	塩土老翁神《しおつちおじのかみ》
波上宮《なみのうえぐう》	沖縄県那覇市若狭	伊邪那美命《いざなみのみこと》

青春新書
INTELLIGENCE

こころ涌き立つ「知」の冒険

いまを生きる

"青春新書"は昭和三一年に――若い日に常にあなたの心の友として、その糧となり実になる多様な知恵が、生きる指標として勇気と力になり、すぐに役立つ――をモットーに創刊された。

そして昭和三八年、新しい時代の気運の中で、新書"プレイブックス"にその役目のバトンを渡した。「人生を自由自在に活動《プレイ》する」のキャッチコピーのもと――すべてのうっ積を吹きとばし、自由闊達な活動力を培養し、勇気と自信を生み出す最も楽しいシリーズ――となった。

いまや、私たちはバブル経済崩壊後の混沌とした価値観のただ中にいる。その価値観は常に未曾有の変貌を見せ、社会は少子高齢化し、地球規模の環境問題等は解決の兆しを見せない。私たちはあらゆる不安と懐疑に対峙している。

本シリーズ"青春新書インテリジェンス"はまさに、この時代の欲求によってプレイブックスから分化・刊行された。それは即ち、「心の中に自らの青春の輝きを失わない旺盛な知力、活力への欲求」に他ならない。応えるべきキャッチコピーは「こころ涌き立つ"知"の冒険」である。

予測のつかない時代にあって、一人ひとりの足元を照らし出すシリーズでありたいと願う。青春出版社は本年創業五〇周年を迎えた。これはひとえに長年に亘る多くの読者の熱いご支持の賜物である。社員一同深く感謝し、より一層世の中に希望と勇気の明るい光を放つ書籍を出版すべく、鋭意志すものである。

平成一七年　刊行者　小澤源太郎

著者紹介
戸部民夫〈とべ　たみお〉
歴史作家。1947年、群馬県生まれ。法政大学卒業後、美術関係出版社勤務を経て作家に。神社・神話に精通しており、神道関係の著作を多く著している。
おもな著書に、20万部突破のロングセラーとなっている『「日本の神様」がよくわかる本』(PHP文庫)や『戦国武将の守護神たち』(日本文芸社)、『神様になった動物たち』(だいわ文庫)、『ありがたい神社の歩き方、神様の見つけ方』(芸術新聞社)、『日本の神社がよくわかる本』(光文社知恵の森文庫)、『神社でたどる「江戸・東京」歴史散歩』(洋泉社)、『本当は怖い日本の神さま』(ベスト新書)などがある。

あの神様《かみさま》の由来《ゆらい》と特徴《とくちょう》がよくわかる
日本《にほん》の神様《かみさま》の「家系図《かけいず》」　青春新書 INTELLIGENCE

2020年12月15日　第1刷

著者　戸《と》部《べ》民《たみ》夫《お》

発行者　小澤源太郎

責任編集　株式会社プライム涌光
電話　編集部　03(3203)2850

発行所　東京都新宿区若松町12番1号 〒162-0056　株式会社青春出版社
電話　営業部　03(3207)1916　振替番号　00190-7-98602

印刷・中央精版印刷　製本・ナショナル製本

ISBN978-4-413-04607-7